AI 서비스 로봇

AI문고

인공지능 시대입니다. 기계가 인간의 인지를 대신하고, 사물이 인간을 통하지 않고 다른 사물과 직접 커뮤니케이션합니다. 이에 따른 인간 삶과 문명 변화를 정확히 이해·예측·대응하는 것은 이 시대 우리 모두의 과제입니다. AI문고는 인공지능 기술과 환경의 여러 주제를 10가지 키워드로 정리합니다. 관련 개념과 이론, 학계와 산업계의 쟁점, 우리 일상의 변화를 다룹니다. 인간과 기술의 현재, 미래를 세심히 분석합니다.

일러두기

- 인명, 작품명, 저서명, 개념어 등은 한글과 함께 괄호 안에 해당 국가의 원어를 병기했습니다.
- 외래어 표기는 현행 어문규정의 외래어표기법을 따랐습니다.

처음이세요?

전문가세요?

AI 서비스 로봇

박철·박태경·정옥경·강준모·이윤혜

대한민국, 서울, 커뮤니케이션북스, 2025

AI 서비스 로봇

지은이 박철·박태경·정옥경·강준모·이윤혜
펴낸이 박영률

초판 1쇄 펴낸날 2025년 8월 25일

커뮤니케이션북스(주)
출판 등록 2007년 8월 17일 제313-2007-000166호
02880 서울시 성북구 성북로 5-11
전화(02) 7474 001, 팩스(02) 736 5047
commbooks@commbooks.com
www.commbooks.com

ISBN 979-11-430-0813-8 03500

책값은 뒤표지에 표시되어 있습니다.

차례

인간과 기계의 새로운 협력 시대

오늘날 인공지능(AI)과 로봇 기술은 전례 없는 속도로 발전하며 우리 삶을 바꾸고 있다. 서비스 분야는 이러한 기술 혁신의 최전선에 있다. AI 로봇은 단순한 서비스의 자동화를 넘어 인간의 삶과 비즈니스에 깊이 관여하고 있다. AI 서비스 로봇은 인공지능이 탑재된 로봇으로, 기존 인간이 제공하던 서비스를 대신한다. 서비스 산업의 생산성과 효율성을 높이고, 개인 맞춤형 서비스와 감정 인식 기반의 공감형 서비스 경험을 강화한다. 이 책은 이러한 시대적 흐름 속에서 AI 서비스 로봇이 가져올 혁신적인 변화와 인간과 새로운 공존 방식에 대해 통찰하고자 한다.

이 책은 AI 서비스 로봇이 고객 경험을 어떻게 변화시키고 향상할 수 있는지 심도 있게 다뤘다. 로봇의 반응 방식과 정서적 교감 수준 고객 경험의 핵심 변수다. AI 서비스 로봇은 인간의 감정을 인식하고 반응함으로써 더욱 풍부하고 인간적인 상호작용이 가능하다. 이는 기계가 단순히 기능을 수행하는 것을 넘어, 정서적 교류를 통해 인간과 더욱 긴밀하게 협력할 수 있음을 보여 준다. 감정 인식 기술은 표정, 음성, 언어, 생체 신호 등 다양한 데이터를 종합적으로 분석해 사용자의 정서 상태를 실시간으로 추정하는 방식으로 진화해 왔다. 이는 의료, 교육, 소매 및 관광 산업에서 고객 만족도와 서비스 품질을 높이는 데 기여하고 있다. 이제 서비스의 본질은 단순한 효율성에서 경험 중심, 관계 중심으로 이동하고 있다. AI 서비스 로봇은 고객의 이름을 기억하고, 감정에 공감하며, 상황에 맞는 언어와 태도로 상호작용함으로써, 정서적 유대와 신뢰를 형성하고 있다.

AI 서비스 로봇은 의료, 교육, 유통, 엔터테인먼트, 관광, 건강관리, 공공 서비스 등 다양한 분야에서 혁신을 주도하고 있다. 의료 현장에서는 환자 모니터링, 진료 지원, 수술 보조, 재활 및 돌봄 등에서 AI 로봇이 인간 의료진과 협력해 진료의 질을 높이고, 환자의 삶의 질을 개선한다. 교육 분야에서는 AI 로봇이 학습자의 수준과 감정, 학습 스타일을 분석해 맞춤형 교육을 제공하고, 교사는 창의적이고 감성적인 지도에 집중할 수 있게 한다. 유통과 물류에서는 AI 로봇이 분류, 배송, 재고 관리 등 반복적이고 위험한 업무를 자동화한다. 엔터테인먼트 산업에서는 로봇이 가수, 배우, 작가, 심지어 코미디언으로 활약하며 인간의 감정과 상호작용 한다.

관광과 호텔 산업에서는 안내, 체크인, 룸서비스 등에서 AI 로봇이 고객 경험을 혁신한다. 건강관리 분야에서는 AI 로봇이 환자 돌봄, 재활, 치매 예방 등에서 인간 중심의 서비스를 실현한다. 공공 서비스 현장에서도 AI 로봇은 시민의 안전과 편의를 높이고, 공공 공간의 분위기와 경험 자체를 변화시키고 있다. 이처럼 AI 서비스 로봇은 인간의 한계를 보완하고, 사회 전반의 효율성과 생산성을 높이는 새로운 동반자가 되고 있다.

AI 서비스 로봇의 등장은 일자리 감소, 데이터 보호, 윤리적 문제, 법적 규제 등 새로운 도전 과제를 던지는 동시에 로봇 개발자, AI 데이터 전문가, AI 윤리 전문가 등 새로운 직업군도 창출하고 있다. 궁극적으로 AI 서비스 로봇은 반복적이고 위험한 업무를 대신해 인간이 더 창의적이고 부가가치 높은 업무에 집중하게 하며, 인간의 삶을 향상하고 사회 전반의 생산성을 증가시킬 것이다. AI 서비스 로봇은 인간의 한계를 보완하고, 인간은 로봇의 한계를 채워 주며, 서로의 강점을 극대화하는 새로운 협력의 시대를 열게 될 것이다.

책의 구성

이 책은 AI 서비스 로봇의 특성과 다양한 산업 분야에서부터 실제 적용 사례, 그리고 사회적 · 윤리적 쟁점에 이르기까지 폭넓게 다뤘다. AI 서비스 로봇이 이끄는 서비스 혁신의 흐름과 인간과 기계가 만들어 갈 미래를 조망했다.

1장 'AI 로봇 시대의 서비스 혁신'은 AI 서비스 로봇이란 무엇이며, 어떻게 서비스 산업의 패러다임을 전환하고 혁신하고 있는지 설명했다. AI 서비스 로봇은 서비스 산업의 생산성과 효율성을 높였을 뿐만 아니라, 서비스 경험을 강화하는 새로운 가치를 제공하고 있다. AI 서비스 로봇 시대의 도전과 기회를 살폈다.

2장 'AI 로봇의 서비스 고객 경험'은 팬데믹 이후 서비스 산업 전반에 AI 로봇이 도입되면서 고객 접점과 업무 구조가 어떻게 변화했는지 살펴보았다. 단순한 자동화를 넘어 AI 로봇이 정서적 상호작용을 통해 고객 경험을 재구성하는 과정을 설명하고, 이러한 정서 중심의 서비스가 브랜드 인식과 충성도에 미치는 영향을 구체적으로 살폈다. 고객 여정 단계별 로봇 상호작용의 전략적 의미와 사용자 경험(UX) 설계 방향에 대해서도 논의했다.

3장 'AI 로봇과 감정 인식'은 AI 로봇의 감정 인식 기술이 어떻게 작동하며, 어떤 방식으로 고객 경험의 질을 변화시키는지 여러모로 분석했다. 감성 컴퓨팅의 진화, 멀티모달 분석, 그리고 산업별 적용 사례를 통해 감정 기술의 실질적 가치를 조명하고, 공감 알고리즘 설계 시 고려해야 할 윤리적 책임과 문화적 맥락을 함께 다뤘다. 마지막으로 인간-로봇 간 정서적 관계 형성과 감정 인식의 전략적 함의를 중심으로 논의를 확장했다.

4장 'AI 로봇과 유통'은 AI 로봇 기반 물류 자동화와 분류 기술의 발전, 물류 산업에서 로봇 기술의 적용, 물류의 발전과 미래 경쟁력을 알아보았다. 무인 운반차(AGV, Automated Guided Vehicle) 같은 자율 운반 로봇과 인간을 닮은 휴머노이드 로봇이 실제 물류 작업을 수행하면서 노동 비용을 줄이고 작업 효율을 높인다고 보았다. 물류 산업의 경쟁이 단순한 장비 성능을 넘어, 빅데이터와 클라우드 기반의 정보 관리 역량까지 포함하는 종합 기술력 경쟁으로 확대될 미래를 살펴보았다.

5장 'AI 로봇과 엔터테인먼트'는 감성을 움직이는 엔터테인먼트 로봇의 부상을 살펴보았다. 엔터테인먼트 분야에서는 음악 교육, 공연, 감성 상호작용 등 다양한 형태로 AI 로봇이 활용되며, 사용자에게 즐거움과 몰입감을 제공한다. 엔터테인먼트 AI 로봇 시장은 빠르게 성장 중이며, 향후 정서적 소통이 가능한 AI 로봇의 수요는 더욱 증가할 것으로 전망했다.

6장 'AI 로봇과 교육 서비스'는 인간 중심 인공지능과 정밀 교육을 위한 AI 로봇을 알아보았다. AI 로봇은 정밀 교육에서 중요한 역할을 하고 있고, 학습자의 수준과 스타일에 맞춰 맞춤형 피드백을 제공하고, 고차원적 사고를 촉진하며 실시간 상호작용을 통해 학습 몰입도를 높이고 있다. AI 로봇 기반 교육은 학습 성취도와 창의성, 문제 해결 능력 향상에 긍정적인 효과를 보이며, 미래 교육의 핵심 도구로 자리 잡아가고 있다.

7장 'AI 로봇과 관광 및 호텔 서비스'는 AI 로봇의 주요 역할과 고객 서비스 변화 양상을 살펴보고, AI 로봇의 기능을 네 가지로 구분해 환대 산업에 미친 영향을 고찰했다. AI 로봇 도입이 고객 경험과 서비스 제공 방식에 어떤 변화를 불러왔는지 조명해 보고, 환대 산업에서의 시사점을 제시했다.

8장 'AI 로봇과 건강관리 서비스'는 건강관리 분야에서 AI 로봇이 수행하는 다양한 역할을 조명해 보고, 실제 적용 사례를 통해 기술 중심의 의료 서비스 혁신 흐름을 살펴보았다. 또한 향후 건강관리 서비스에서의 인간-로봇의 상호작용을 전망했다.

9장 'AI 로봇과 공공 서비스'는 공공 공간 속의 AI 로봇에 대해 알아보았다. 로봇이 사람들과 사회적으로 상호작용을 할 수 있는 능력이 높아지면서, 쇼핑몰, 공항, 공원 등 공공 또는 준공공 공간에서 로봇의 역할은 점차 확대되고 있다. 이를 효과적으로 활용하기 위해서는 운영시간, 기능, 허용 범위 등 세부 규율이 필요하다. 공공 영역에서 로봇 기술을 성공적으로 활용하기 위해서는 선제적이고 신중한 정책 설계가 필수적임을 강조했다.

10장 'AI 서비스 로봇의 미래'는 AI 서비스 로봇이 미래에 초연결된 통합 서비스 생태계가 완성되면 고도화된 감성 지능을 갖추어 인간과의 상호작용이 깊어질 것으로 보았다. AI 서비스 로봇의 발전은 필연적으로 윤리적, 사회적 책임에 대한 논의를 심화할 것이다. AI 서비스 로봇은 인간의 삶의 질과 사회 전반의 생산성을 높이는 데 공헌할 것이며, 이러한 상생적 관계는 미래 사회의 핵심 동력이 될 것이다.

이 책을 통해 AI 서비스 로봇이 만들어 갈 서비스 혁신을 파악하고, 인간과 기계의 조화로운 공존을 위한 지혜와 통찰을 얻길 바란다.

01
AI 로봇 시대의 서비스 혁신

AI 서비스 로봇이란 무엇인가? 이는 어떻게 서비스 산업을 혁신하고 있는가? AI 서비스 로봇은 서비스 산업의 생산성과 효율성을 높였다. 또한 개인 맞춤형 서비스의 제공, 감정 인식과 공감형 서비스 경험을 강화하는 새로운 가치를 제공하고 있다. 이 장에서는 AI 서비스 로봇으로 인한 서비스 패러다임의 전환과 혁신을 살피면서 AI 서비스 로봇 시대의 도전과 기회를 점검했다.

AI와 1인 창업?

인공지능과 서비스 패러다임의 전환

AI 서비스 로봇은 인공지능이 탑재된 서비스 로봇이다. 서비스 로봇은 서비스 산업에서 활용되는 로봇으로, 주로 인간이 제공하던 서비스를 로봇이 대신한다. 인공지능은 인류의 삶에 가장 영향을 미치는 혁신적인 기술이다. 2025년 현재, 인공지능은 단순한 기술적 도구를 넘어 사회 전반에 혁신적인 변화를 이끌고 있다. 2030년까지 글로벌 AI 로봇 시장은 약 46조 원 규모로 성장할 것으로 예상된다(편슬기, 2024). AI는 로봇 기술과 결합해 우리가 상상하던 것들을 현실화하고 있다. 이러한 변화는 유통, 교육, 엔터테인먼트, 관광, 호텔, 건강관리, 공공 서비스 영역에서 업무 효율성을 획기적으로 높이고, 새로운 비즈니스 모델을 창출하고 있다(구버, 2025).

AI 로봇의 등장은 서비스 패러다임을 근본적으로 바꾸고 있다. 기존 서비스 산업은 주로 인간의 노동력에 의존했다. 생산성과 효율성에 일정한 한계가 있었다. 그러나 AI 로봇은 24시간 365일 지치지 않고 업무를 수행하며, 반복적인 작업을 자동화할 수 있다. 또한 방대한 데이터를 분석해 더 정확한 의사 결정을 내릴 수 있다(임팩티브 AI, 2025). 이는 고객 응대, 유통 관리, 교육 서비스, 의료 서비스, 관광 산업 및 공공 서비스의 생산성과 효율성을 극대화한다. AI 서비스 로봇은 단순히 효율성 증대뿐 아니라, 개인 맞춤형 서비스 시대를 열었다. AI는 고객의 행동 패턴, 선호도, 과거의 이력, 심지어 감정 상태까지 분석해 개개인에게 최적화된 서비스를 제공할 수 있다(Huang & Rust, 2023). 예를 들어, AI 챗봇은 고객의 과거 문의 내역과 감정을 인식해, 더 정확하고 공감적인 답변을 제공한다. 이러한 초개인화된 서비스는 고객 경험을 강화해 고객 만족도와 충성도를 높인다. 또한 AI 서비스 로봇은 서비스의 물리적 확장성을 높였다. 예를 들어, 외딴 지역의 환자도 AI 건강관리 로봇으로 진료를 받을 수 있고, 교육 소외 지역의 학생들도 AI 가정교사 로봇으로 양질의 교육을 받을 수 있다(Davenport & Ronanki, 2018).

이렇듯 AI 서비스 로봇은 효율성, 개인화, 확장성이라는 측면에서 서비스 패러다임을 근본적으로 변화시키고 있다.

AI와 로봇의 융합이 이끄는 서비스 혁신

AI와 서비스 로봇의 융합은 서비스 산업의 혁신을 가속화하고 있다. 서비스 로봇은 AI의 지능을 바탕으로 고객 응대, 안내, 배송, 교육 지원, 의료 지원 등 다양한 역할을 24시간 수행한다. AI 서비스 로봇은 단순 반복 업무를 대체할 뿐만 아니라, 사람과의 상호작용에서 자연스러운 공감형 대화와 맞춤형 서비스를 제공할 수 있다는 점에서 혁신적이다(구버, 2025). AI 서비스 로봇은 이미 다양한 서비스 분야에 도입되어 혁신을 이끌고 있다.

고객 서비스 및 문의 센터에서 AI 서비스 로봇은 혁신을 주도하고 있다. 과거 단순 반복적인 문의와 응대가 주를 이루던 고객 센터는 AI 챗봇과 음성 인식 로봇이 도입되어 크게 변화하고 있다. 24시간 실시간 응대가 가능해 고객 대기 시간을 획기적으로 줄였다. 또 자연어 처리 기술의 발전으로 복잡한 질문과 비정형적인 문의에도 능숙하게 대응한다(Akter & Wamba, 2019). 또한 감성 분석을 통해 고객 불만을 조기에 감지하고, 고객 문의 데이터를 분석해 서비스 개선점을 도출했다. 기존의 상담사들은 AI가 처리할 수 없는 고차원적인 문제 해결이나 고도의 감성적 교류가 필요한 업무에 집중할 수 있게 되었다. 이로써 서비스 품질 전반이 향상되었다.

유통 및 물류 분야에서는 효율성과 속도 향상에 AI 서비스 로봇이 활용되고 있다. 자율주행 로봇은 물류 창고에서 상품을 분류하고 피킹(Picking: 출고 상품을 물류 창고에서 꺼내는 일)하고, 운반하는 전 과정을 자동화해 인건비를 절감하고, 오배송률을 낮추며, 작업 효율성을 높였다(Kwon et al., 2022).

라스트 마일(Last-mile: 소비자와 연결되는 최종 단계)에서는 배송 로봇이 등장해 최종 소비자에게 상품을 전달한다. 이것은 교통 체증이나 인력 부족 문제를 해결하고, 비대면 배송의 수요를 충족했다. 여기에 AI 기반의 수요 예측 시스템과 로봇 물류 시스템이 결합해 유통 물류 네트워크 전체를 최적화했다.

의료 및 건강관리 분야에서 AI 서비스 로봇은 생명을 살리고 삶의 질을 높이고 있다. 수술 보조 로봇은 의사의 수술을 도와 정확하고 정교한 수술을 수행하고, 수술 성공률과 환자 회복 시간을 단축하고 있다(Ramachander et al., 2025). 재활 로봇은 맞춤형 재활 프로그램을 제공해 최적의 회복을 도와준다. 고령층의 돌봄을 위한 간병 로봇은 투약 지원, 식사 보조, 낙상 감지 등 다양한 서비스를 제공하고 있다.

호텔, 공항, 박물관, 쇼핑몰 등 다양한 공공장소에서 AI 서비스 로봇은 안내와 서빙을 구현하고 있다. 안내 로봇은 방문객에게 다국어 지원과 실시간 길 안내 기능을 제공한다. 서빙 로봇은 식당이나 카페에서 서빙을 대신해 인력을 절감하고, 서비스 일관성을 유지한다. 이들은 효율적인 서비스를 제공해 고객 만족도를 높인다.

교육 분야에서도 AI 가정교사 로봇은 개인 맞춤형 교육의 새로운 지평을 열었다. AI는 학생 개개인의 학습 스타일, 강점과 약점을 분석해 최적의 학습 방법과 콘텐츠를 추천한다(Hwang & Chang, 2021). 반복적인 문제 풀이 학습이나 개념 설명은 AI 가정교사가 담당하고, 교사는 학생들의 창의적 사고나 문제 해결 능력을 높인다. AI 기반의 언어 학습 로봇은 발음 교정과 회화 연습을 도와 외국어 학습의 효율성을 극대화한다.

AI 서비스 로봇 시대의 도전과 기회

AI 서비스 로봇의 도입은 단순한 업무 자동화를 넘어, 산업 전반의 경쟁력 강화와 사회 구조 변화를 이끌고 있다. 기업들은 AI 서비스 로봇을 통해 시장 변화에 신속하게 대응하고, 혁신적인 서비스를 개발할 수 있게 되었다. AI 서비스 로봇은 분명 엄청난 기회를 제공하고 있지만, 여러 풀어야 할 과제도 있다. AI 서비스 로봇이 창출한 혁신의 흐름 속에서, 일자리 감소, 데이터 보호, 윤리적 문제, 법적 규제 등 새로운 도전 과제도 등장하고 있다.

AI 서비스 로봇이 인간의 업무를 대체하면서 단순 반복적인 직업군에서는 고용 감소가 일어날 수 있다(Frey

& Osborn, 2017). AI의 발전으로 인한 저작권, 프라이버시, 보안, 안전 이슈도 있다. 로봇의 자율성이 높아짐에 따라 발생할 수 있는 사고에 대한 책임 소재, AI 로봇이 수집하는 개인정보 보호 문제, 또 AI 서비스 로봇이 사회적 불평등을 증가시킬 우려 등이 있다. 한편 AI 서비스 로봇의 등장으로 로봇 개발자, AI 데이터 전문가, 로봇 유지 보수 전문가, AI 윤리 전문가 등 새로운 직업군이 생겨나고 있다. AI 서비스 로봇은 인간이 더 창의적이고 부가가치 높은 업무에 집중하게 한다. 반복적이고 위험한 업무는 서비스 로봇이 대신하고, 인간은 더 안전하고 의미 있는 활동을 할 수 있을 것이다. 궁극적으로 AI 서비스 로봇은 인간의 삶을 향상하고, 사회 전반의 생산성을 증가시킬 것이다.

AI 서비스 로봇이 이끄는 서비스 혁신은 이제 막 시작 단계에 불과하다. 앞으로 AI가 더욱 고도화되고 서비스 로봇과의 융합이 강화될수록 우리는 상상하지 못했던 새로운 서비스와 가치를 경험하게 될 것이다.

이 책은 AI 서비스 로봇의 활용 분야를 중심으로 변화의 흐름과 실제 사례를 다루고자 한다. AI 서비스 로봇을 통해 인공지능 시대에 서비스 혁신이 어떻게 우리의 삶과 산업을 변화시키는지 살펴보고자 한다. 구체적으로

AI 서비스 로봇이 감정 인식을 통해 고객 경험을 어떻게 강화하는지 살펴보고, 유통, 엔터테인먼트, 교육, 관광, 건강관리, 공공 서비스 분야에서 AI 서비스 로봇의 동향에 대해 살펴볼 것이다. 독자들이 AI 서비스 로봇 시대의 서비스 혁신을 이해하고 대비하는 데 필요한 지식과 통찰을 제공하고자 한다.

참고문헌

구버(goover)(2025.5.18). 2025 인공지능 시장과 기술 혁신 동향 분석, https://seo.goover.ai/report/202505/go-public-report-ko-7c56811f-bc34-40c5-99df-0a2a04c5c577-0-0.html

임팩티브 AI(2025.3.27). 제조업 CEO들이 주목하는 2025 AI 기술 혁신 트렌드 총정리, https://www.impactive-ai.com/insight/technology-innovation-trends-2025

편슬기(2024.3.19). 미래 먹거리 'AI 로봇 시장'… 2030년 '46조 원 규모'로 성장. 글로벌이코노믹, https://www.g-enews.com/article/ICT/2024/03/202403191355219474ea588b1547_1

Akter, S. & Wamba, S. F.(2019). Big data and disaster management: a systematic review and agenda for future research. *Annals of Operations Research*, 283(1), pp. 939-959, https://link.springer.com/article/10.1007/s10479-017-2584-2

Davenport, T. H. & Ronanki, R.(2018.1.1). Artificial intelligence or the real world. *Harvard business review,* 96(1), pp.108–116.

Esteva, A. et al.(2017.1.25). Dermatologist–level classification of skin cancer with deep neural networks. *Nature,* 542(7639), pp.115–118, https://www.nature.com/articles/nature21056

Frey, C. B. & Osborne, M. A.(2017). The future of employment: How susceptible are jobs to computerisation?. *Technological forecasting and social change,* 114, pp.254–280, https://ideas.repec.org/a/eee/tefoso/v114y2017icp254-280.html

Hwang, G. J. & Chang, C. Y.(2021.7.18). A review of opportunities and challenges of chatbots in education. *Interactive learning environments,* 31(7), pp.4099–4112, https://www.tandfonline.com/doi/full/10.1080/10494820.2021.1952615

Huang, M. H. & Rust, R. T.(2023.12.21). The caring machine: Feeling AI for customer care. *Journal of Marketing,* 88(5), pp.1–23, https://journals.sagepub.com/doi/full/10.1177/00222429231224748

Kwon, K. et al.(2022.4.30). Logistics technology forecasting framework using patent analysis for technology roadmap. *Sustainability,* 14(9), pp.5430, https://www.mdpi.com/2071-1050/14/9/5430

Ramachander, A. et al.(2025.1.27). The future of digital health in transforming healthcare. In *Digital technology in public health and rehabilitation care.* Academic Press, pp.363–385, https://www.sciencedirect.com/science/article/abs/pii/B97

80443222702000216?via%3Dihub

02
AI 로봇 서비스 고객 경험

AI 로봇은 단순한 정보 제공을 넘어, 서비스 경험을 구성하는 감정 기반 인터페이스로 기능하고 있다. 고객은 로봇의 반응 방식과 정서적 교감 수준을 통해 서비스 품질을 평가하며, 이는 고객 경험의 핵심 변수가 된다.

AI와 MBTI?

AI 로봇의 도입과 서비스 산업 구조의 변화

AI 로봇은 팬데믹 이후 비대면 업무의 중요성과 자동화 수요의 급증에 따라 여러 산업 분야에서 빠르게 확산했다. 특히 고객 접점의 밀도가 높은 서비스 산업에서는 AI 로봇이 안내, 응대, 위생 관리, 예약, 정보 제공 등 다양한 업무를 수행하며 기존 '최전선' 인력을 보완하거나 대체하고 있다(Tuomi et al., 2020).

예를 들어, 호텔에서는 로봇이 안내대에서의 체크인 업무를 수행하거나 룸서비스를 자동으로 제공하는 데 활용되며, 병원에서는 감염 위험이 큰 공간에서 약품 운반 및 병실 간 단순 반복 작업을 담당함으로써 의료진의 노출 위험을 줄이고 있다.

은행에서는 로봇이 기본 상품 설명과 창구 대기 시간 안내 등 고객 흐름을 효율적으로 조율하는 역할을 맡는다.

이러한 기술적 도입은 단순한 노동력 보조를 넘어, 서비스 노동 구조 전반의 재편을 유도하고 있다. 반복적이거나 감정 소진이 큰 업무는 로봇이 담당하고, 인간 직원은 정서적 공감, 복잡한 문제 해결, 고부가가치 상담 등 고차원의 정서·인지적 영역에 집중할 수 있게 되었다. 이는 조직의 효율성 제고뿐 아니라 고객 만족도 향상에도 이바지하는 이중 효과를 창출한다.

더불어 AI 로봇은 서비스 품질의 표준화와 일관성 확보에도 중요한 역할을 한다. 숙련도나 감정 상태에 따라 편차가 발생하던 인간 직원의 응대 대신, 로봇은 예측할 수 있고 안정적인 품질의 상호작용을 지속적으로 제공함으로써 브랜드 신뢰도를 높인다.

특히 글로벌 체인에서는 본사의 서비스 설명서를 정밀하게 실행할 수 있는 도구로 기능하며, 언어 및 문화의 장벽을 기술적으로 보완하는 데 효과적이다(Chiang et al., 2022; Luo et al., 2023).

이러한 변화는 서비스 품질 관리의 중심축이 '사람의 역량'에서 '기계의 설계와 알고리즘'으로 전환되고 있음을 시사한다. 동시에 로봇은 단순한 자동화 장치가 아닌, 고객 경험의 감정적 매개체로 인식되며, 고객 서비스의 본질이 효율성 중심에서 경험 중심으로 전환되고 있다(Huang & Rust, 2020).

고객 경험의 재정의: 기능 중심에서 관계 중심으로

고객 경험(Customer Experience)은 단순히 서비스의 정확도나 응답 속도를 넘어, 고객이 서비스와의 모든 접점에서 인식하는 감정, 기대, 기억의 총체로 정의된다 (Lemon & Verhoef, 2016). 최근의 서비스 환경에서는 기능적 효율성뿐만 아니라 정서적 상호작용의 질이 고객 경험의 핵심 구성 요소로 주목받고 있다.

AI 로봇의 정서적 응대는 고객 충성도 및 브랜드 인식에 실질적인 영향을 미친다. 고객의 이름을 기억하거나, 이전 이용 이력을 반영한 맞춤형 인사말을 건네는 로봇은 '개인화된 환대'를 제공하며, 이는 정서적 유대와 재방문 의도로 이어진다. 예컨대 키오스크 로봇이 "지난 이용에 감사드립니다"라고 인사할 경우, 고객은 이를 통해 브랜드와의 감정적 연결을 경험하게 된다.

실제 연구에 따르면, AI 로봇이 사용자의 이름을 기억하거나 긍정적인 표정을 보여 주는 정서적 상호작용은 고객의 신뢰 형성과 긍정적 구전 행동을 유도할 수 있으며, 반복된 긍정 경험은 브랜드 자산으로 전환된다 (Perez-Vega et al., 2021). 더 나아가 이러한 정서적 응대는 기업의 가치 지향성과 연결되며, 고객은 로봇을 통해 해당 조직이 인간 중심의 서비스를 실현하고 있다고 인식한다. 결과적으로, AI 로봇은 단순히 고객을 응대하는 자동화 도구가 아니라, 상표 정체성과 감정적 동질감을 구축하는 핵심 매개체로 기능한다.

고객 경험 중심의 로봇 서비스 설계: 정서적 연결에서 경험 설계로

AI 로봇의 도입은 단순한 기술 혁신을 넘어, 고객 경험의 구조적 재구성을 이끄는 핵심 동력으로 작용하고 있다. 로봇을 통한 고객 경험이 반복 업무의 대체 수준에 머무르지 않고, 감정 중심의 상호작용을 정교하게 설계하는 방향으로 전환되면서, 서비스 경험의 기획 방식 또한 본질적으로 변화하고 있다.

오늘날 고객은 AI 로봇에게 빠르고 정확한 정보 제공만을 기대하지 않는다. 오히려 고객은 로봇이 자신의 감정 상태를 인식하고, 공감하는 태도로 반응하며, 상황에 맞는 언어와 태도로 상호작용을 하기를 기대한다. 이는 고객 경험의 중심축이 기능 중심(functional orientation)에서 관계 중심(relational orientation)으로 이동하고 있음을 보여 준다.

이러한 변화에 대응하는 로봇 서비스 설계는 고객의 감정 흐름, 대화 맥락, 기대 수준을 정교하게 고려하는 방식으로 진화하고 있다. 단순히 문제를 해결하는 것이 아니라, 로봇이 고객의 심리 상태에 적절히 반응하고, 감정적으로 일관된 상호작용을 제공해야 한다. 결과적으로 로봇이 제공하는 경험은 정보의 질이나 응답 속도만이 아니라, 상호작용의 분위기와 정서적 일관성에 따라 평가된다(Huang & Rust, 2020).

또한 AI 로봇은 브랜드 경험의 매개체로서 기능한다. 일관되고 감정적으로 조율된 상호작용은 고객에게 해당 브랜드가 '배려하는 조직', '정서적으로 신뢰할 수 있는 파트너'라는 인식을 형성하게 하며, 이는 충성도, 재방문, 긍정적 구전 등 구체적인 성과로 이어진다. 로봇이 만들어 내는 상호작용은 단지 기능 수행이 아니라, 브랜드가 고객을 어떻게 대하는지를 상징적으로 드러내는 메시지이기도 하다(Nguyen et al., 2021).

이러한 변화에 대응해 고객 경험을 효과적으로 설계하고 구현하기 위해서는 정교한 사용자 경험(UX, User Experience) 전략이 필수적이다. UX는 단순한 인터페이스나 응답 속도의 문제가 아니라, 고객의 감정 흐름, 기대 수준, 상호작용의 맥락적 의미를 통합적으로 고려하는 경험 설계이자 운영 전략이다.

고객 여정 전반에서의 로봇 경험 관리 전략

고객 경험 중심의 설계는 단일 접점의 개선을 넘어, 고객 여정(customer journey) 전반에 걸쳐 일관된 경험을 제공하는 전략으로 확장되어야 한다. AI 로봇은 고객 여정의 초기 접점부터 후기 상호작용에 이르기까지 전 단계에서 사용자 경험에 영향을 미치며, 각 접점의 응대 품질은 서비스 전반에 대한 인식에 결정적인 영향을 미친다.

여정의 초기 단계에서는 로봇이 서비스의 첫인상을 형성하는 중요한 역할을 한다. 이 시점에서의 상호작용은 신뢰와 정서적 안정감을 제공하는 방향으로 설계되어야 하며, 이는 전체 서비스 경험의 평가 기준을 설정하는 기제가 된다.

중반 단계에서는 반복 고객에 대한 개인화된 응대가 중요해진다. 로봇이 고객의 이름이나 선호를 기억하고, 이전 대화 내용을 반영한 맥락 중심의 응대를 제공할 경우, 고객은 '기억되고 있다'라는 감정적 유대를 경험하게 된다. 이러한 유대는 효율성을 넘어서는 심리적 만족을 창출하며, 서비스에 대한 신뢰도로 이어진다.

불만족 상황에서의 응대 역시 중요한 관리 포인트다. 기계적으로 절차를 반복하는 방식은 고객의 부정적 감정을 증폭할 수 있다. 반면, 정서적 공감을 표현하고 사과의 언어를 담은 응대는 고객 이탈을 방지하고 서비스 회복(Service Recovery)에 이바지할 수 있다.

여정의 종료 단계에서는 피드백 수집, 후기 요청, 감정 상태 점검 등의 상호작용이 고객의 전체 경험을 마무리 짓는 중요한 요소로 작용한다. 특히 마지막 접점의 질은 브랜드에 대한 인상에 강한 영향을 미치며, 다음 이용 의사 결정에도 영향을 준다. 로봇은 이 데이터를 기반으로 향후 더 정교한 맞춤형 상호작용을 제공할 수 있는 기반을 마련한다.

또한 고객 여정 전반에서 일관된 응대 톤과 감정적 흐름을 유지하는 것이 중요하다. 초반에는 친근하지만, 후반으로 갈수록 차가운 반응을 보이거나, 형식적인 피드백 요청을 전달할 때 고객은 신뢰를 잃게 된다. 따라서 여정 단계별 감정 흐름을 고려한 정서적 응대 전략이 필요하며, 이는 로봇이 '사람다운 존재'로 인식되는 데 핵심적인 역할을 한다.

요컨대, 고객 여정 전반에서 AI 로봇과의 상호작용은 고객이 브랜드를 어떻게 기억하고 판단할지를 결정짓는 경험의 연속선이며, 단순한 기술적 자동화를 넘어 정서적 가치 전달자의 역할이 더욱 강조되고 있다.

참고문헌

Chiang, A. H. et al.(2022.4). Emotion and service quality of anthropomorphic robots. *Technological forecasting and social change,* 177, 121550, https://www.sciencedirect.com/science/article/abs/pii/S00

40162522000828

Huang, M. H. & Rust, R. T.(2020.2). Engaged to a robot? The role of AI in service. *Journal of service research,* 24(11), pp.30–41, https://www.researchgate.net/publication/339414443_Engaged_to_a_Robot_The_Role_of_AI_in_Service

Lemon, K. N. & Verhoef, P. C.(2016.11.1). Understanding customer experience throughout the customer journey. *Journal of marketing,* 80(6), pp.69–96, https://journals.sagepub.com/doi/10.1509/jm.15.0420

Luo, B. et al.(2023.7). Emotion-regulatory chatbots for enhancing consumer servicing: An interpersonal emotion management approach. *Information & management,* 60(5), 103794, https://www.sciencedirect.com/science/article/abs/pii/S0378720623000423

Nguyen, T. M. et al.(2021.7). The effect of AI quality on customer experience and brand relationship. *Journal of consumer behaviour,* 21(2), pp.481–493, https://www.researchgate.net/publication/353264519_The_effect_of_AI_quality_on_customer_experience_and_brand_relationship

Perez-Vega, R. et al.(2021.5). Reshaping the contexts of online customer engagement behavior via artificial intelligence: A conceptual framework. *Journal of business research,* 129, pp.902–910, https://www.sciencedirect.com/science/article/pii/S0148296320307463

Tuomi, A. et al.(2020.5.25). Applications and implications of service robots in hospitality. *Cornell hospitality quarterly,* 62(2), pp.232-247, https://journals.sagepub.com/doi/10.1177/1938965520923961

03
AI 로봇과 감정 인식

AI 로봇의 감정 인식 기술은 표정, 음성, 언어, 생체 신호 등을 종합적으로 분석해 고객의 정서를 정밀하게 파악하고 상황에 맞게 반응함으로써, 단순한 기능 수행을 넘어 관계를 설계하고, 고객 경험의 깊이와 질을 재구성하는 핵심 전략 자산으로 부상하고 있다.

AI와 난임 극복?

감정 인식 기술의 원리와 진화

AI 로봇이 인간의 감정을 인식하고 반응하는 능력은 감성 컴퓨팅(Affective Computing)의 핵심으로, 고객과의 상호작용을 보다 섬세하고 인간 중심적으로 전환하는 기반이 된다. 이 기술은 표정, 음성, 언어, 생체 신호 등 다양한 데이터를 종합적으로 분석해 사용자의 정서 상태를 실시간으로 추정하는 방식으로 진화해 왔다(Pei et al., 2024).

초기 감정 인식 기술은 사용자의 표정이나 언어에서 단편적인 신호를 포착하는 수준에 머물렀다. 그러나 현재는 컴퓨터 비전, 음성 인식, 자연어 처리, 생리 신호 분석 등 다양한 기술을 통합하는 멀티모달(Multimodal) 분석이 표준이 되고 있다(Tsiourti et al., 2019). 예를 들어, 표정 분석 알고리즘은 미세한 안면 근육 움직임에서 감정을 판별하고, 음성 분석 시스템은 억양, 속도, 음색을 토대로 불만, 스트레스, 긴장 상태를 예측한다. 여기에 심박수, 피부 전도도, 뇌파 같은 생체 정보가 결합하면 정서 상태에 대한 예측 정확도는 눈에 띄게 향상된다.

특히 딥 러닝 기술이 접목되면서 감정 인식 기술은 정량적 한계를 넘어서고 있다. 감정 표현은 사람마다 문화마다 다르므로 단순한 규칙 기반의 시스템으로는 충분

치 않았다. 하지만 현재의 AI는 데이터를 통해 패턴을 학습하고, 복합 감정 상태와 그 미묘한 전이를 인식하는 방향으로 진화하고 있다. 고객의 말투가 다소 부정적이라도 표정과 맥락에서 진심 어린 고민이 있음을 파악할 수 있으며, 로봇은 이에 따라 위로, 제안, 혹은 정보 제공을 조합하는 방식으로 반응할 수 있다(Limami et al., 2024).

결과적으로 AI 로봇은 단순히 정보를 전달하는 기계에서 벗어나, 감정에 반응하고 상황에 적응하는 '관계 지향적 존재'로의 진화를 시작했다. 이는 기업이 로봇을 고객 접점에 배치할 때, 단순 자동화를 넘어 정서적 경험 설계의 전략으로 접근해야 함을 시사한다.

감정 인식의 서비스 적용과 비즈니스 가치

감정 인식 기술이 실현할 수 있는 비즈니스 가치는 산업 전반에서 점차 구체화하고 있다. AI 로봇은 다양한 서비스 환경에서 고객의 정서적 요구를 선제적으로 포착하고, 이에 맞춘 맞춤형 응대를 제공함으로써 서비스 질 향상과 고객 충성도 강화에 기여하고 있다.

의료 분야에서 감정 인식 로봇은 노인 돌봄, 치매 환자 관리, 정신건강 치료 등에서 이미 활발히 활용되고 있다. 일본의 간병 로봇 '파로(PARO)'는 사용자의 감정 상태에 반응해 눈을 깜빡이거나 부드럽게 움직이며, 말없이도 정서적 교감을 유도한다(Abdollahi et al., 2022). 일부 병원에서는 환자가 스트레스를 호소하지 않아도 생리 신호와 표정으로 이를 감지해 의사에게 경고를 전달하는 시스템이 운영 중이다. 이러한 정서 기반 기술은 간병 인력 부족 문제 해결에도 이바지한다. 정서적 응대가 필요한 반복적 업무를 AI 로봇이 일부 대체함으로써, 간병인은 더 전문적이고 관계 중심적인 업무에 집중할 수 있다.

교육 현장에서는 감정 인식 기술이 학습 지속력을 좌우하는 요인으로 활용되고 있다. AI 가정교사가 학생의 표정에서 집중력 저하 신호를 감지하거나, 감정 데이터에 따라 수업 난이도와 피드백 방식을 자동 조절하는 사례가 점차 확대되고 있다. 이는 단지 교육의 효율성을 높이는 차원을 넘어, 정서 기반의 맞춤 학습 플랫폼으로 진화하고 있음을 보여 준다.

소매와 환대 산업에서도 감정 인식 기술은 고객 경험 차별화의 핵심 수단으로 주목받고 있다. 예를 들어, 호텔, 백화점, 카페 등 고객 접점이 활발한 환경에서는 AI 로봇이 고객의 불만족 신호를 조기에 감지해 '선제적 사과' 또는 '직원 호출'을 자동화한다. 이처럼 감정 인식 기술은 단순히 고객 대응의 효율성을 높이는 것이 아니라,

정서 중심의 서비스 회복력(resilience)을 강화하는 전략 자산으로 기능하고 있다. 특히 디지털 전환이 빠른 기업일수록 이 기술을 서비스 차별화의 핵심 축으로 삼고 있다.

이처럼 감정 인식은 단순한 '반응 자동화'가 아닌, 감정 중심의 서비스 회복력을 높이는 전략적 기술로 자리 잡고 있다.

공감 알고리즘의 설계와 윤리적 책임

감정 인식 기술의 상용화가 본격화하면서, 사용자 경험 설계(UX Design)와 함께 윤리적 고려 사항도 중요한 경영 의제로 부상하고 있다. 특히 감정 데이터는 생체 정보 못지않게 민감한 개인정보이며, 이를 수집 · 활용하는 방식에 대한 투명성과 책임 있는 설계가 요구된다.

무엇보다도 '잘못된 감정 해석'은 실무에 큰 위험이 된다. 예컨대 고객이 불편한 상황에 부닥쳤을 때, 로봇이 지나치게 명랑한 어조로 반응한다면 오히려 반감을 불러일으킬 수 있다. 따라서 감정을 정확히 읽는 능력뿐 아니라, 어떻게 반응하는가에 대한 정서적 톤 조절이 중요하다.

또한 감정 데이터의 수집, 저장, 활용에 관한 기준도

명확히 설정되어야 한다. 사용자가 자신의 감정 데이터가 어떻게 수집되며, 누구와 공유되는지 알 수 있어야 하며, 이를 거부할 수 있는 선택권도 함께 제공되어야 한다. 감정 데이터는 생체 정보 이상의 민감성을 갖는 영역으로 다뤄져야 한다(Lewinski et al., 2016).

이와 더불어, 정서적 반응을 구현하는 알고리즘은 문화적 성별에 따라, 연령적 맥락에 따라 달라야 한다. 동일한 상황에서도 문화나 나이에 따라 적절한 반응은 다를 수 있기 때문에, 공감 알고리즘은 일률적인 반응이 아닌 사용자 맞춤형 정서 표현을 구현할 수 있어야 한다(Lim et al., 2020). 이를 위해 로봇은 다양한 문화권 사용자와의 상호작용 데이터를 축적해 차별화된 정서 대응 모델을 학습해야 하며, 오용이나 편향을 방지하기 위한 알고리즘 투명성 확보와 정기적 점검 체계도 함께 마련되어야 한다.

감정 인식이 인간-로봇 관계에 미치는 전략적 함의

감정 인식 기능을 갖춘 AI 로봇은 단순한 기능 수행 도구를 넘어, 고객과의 관계 형성 방식을 변화시키는 매개체가 되고 있다. 기능 중심 상호작용에서 감정 중심 상호작용으로의 전환은, 로봇을 '기술적 수단'이 아닌 '사회적 존재'로 인식하게 만드는 중요한 전환점이다.

과거 로봇은 기능 중심의 기계였다. 그러나 감정 인식 기술은 인간의 정서와 맥락을 이해하고, 적절한 정서 표현을 가능하게 함으로써, 로봇을 사회적 파트너로 차별화하기 시작했다. 특히 심리적 고립 상태에 있는 사용자(고령자, 어린이, 외국인 등)에게 AI 로봇은 단순한 정보 제공자 이상의 의미가 있다.

한 연구에서는 감정 인식 로봇과 3개월 이상 상호작용을 한 노인의 62%가 "로봇을 친구처럼 느낀다"라고 응답했으며, 일부는 가족 구성원처럼 로봇을 대하기도 했다. 이러한 정서적 애착은 재방문율, 추천 가능성(NPS), 브랜드 충성도로 이어질 수 있으며, 감정 인식은 결과적으로 심리적 접착력(psychological stickiness)을 제공하는 요소로 기능하게 된다.

감정 인식 기술은 AI를 인간화하고, 로봇을 고객 경험 설계의 핵심 파트너로 위치시키는 전략적 전환점이다. 이 기술을 어떻게 설계하고, 어떻게 고객과 연결하느냐에 따라 기업은 정서적 연결을 기반으로 한 차세대 경쟁력을 창출할 수 있다.

참고문헌

Abdollahi, H. et al.(2022.1.26). Artificial emotional intelligence in socially assistive robots for older adults: a pilot study. *IEEE transactions on affective computing,* 14(3), pp.2020~2032. *ArXiv,* https://arxiv.org/abs/2201.11167

Lewinski, P. et al.(2016.8.10). Face and emotion recognition on commercial property under EU data protection law. *Psychology & marketing,* 33(9), pp.729-746, https://onlinelibrary.wiley.com/doi/abs/10.1002/mar.20913

Lim, V. et al.(2020.11.11). Social robots on a global stage: establishing a role for culture during human-robot interaction. *International journal of social robotics,* 13(6), pp.1307-1333, https://link.springer.com/article/10.1007/s12369-020-00710-4

Limami, F. et al.(2024.6.17). Contextual emotion detection in images using deep learning. *Frontiers in artificial intelligence,* 7, 1386753, https://www.frontiersin.org/journals/artificial-intelligence/articles/10.3389/frai.2024.1386753/full

Pei, G. et al.(2024). Affective computing: Recent advances, challenges, and future trends. *Intelligent computing,* 3, 0076, https://ouci.dntb.gov.ua/en/works/4KwQYbg4/

Tsiourti, C. et al.(2019.2.4). Multimodal integration of emotional signals from voicebody, and context: Effects of (in) congruence on emotion recognition and attitudes towards robots. *International journal of social robotics,* 11,

pp.555~573,
https://link.springer.com/article/10.1007/s12369-019-00524-z

04
AI 로봇과 유통

유통 산업은 오랜 시간 사람의 손과 감각에 의존해 발전해 왔다. 하지만 지금 우리는 그 질서가 근본적으로 바뀌는 전환점에 서 있다. 인공지능과 로봇 기술의 비약적인 발전은 이제 단순한 자동화를 넘어, 유통의 방식과 본질 그 자체를 바꾸고 있다. 우리는 이미 AI와 로봇이 만든 유통 환경 속에서 살아가고 있다.

AI와 사주?

AI 로봇 기반 현대 물류 자동화와 분류 기술의 발전

AI의 등장으로 물류 산업은 자동화와 지능형 정보 기술을 적극 활용하게 되었다(Yang et al., 2021). 이에 따라 전통적인 물류 배송의 한계점들이 점차 명확해지고 있다. AI 로봇은 분류의 효율성과 정확성을 높이고 오류 발생률을 줄일 수 있어, 현대 물류 산업의 발전을 더욱 가속화하고 있으며, 전자 상거래 분야의 물류 처리 능력 또한 꾸준히 강화되고 있다(Zhang, 2021). AI 로봇은 두 가지 주요 형태로 구분할 수 있다(Kunze et al., 2018). 첫째는 유럽과 미국 시장을 중심으로 발전한 자동화 시스템이다. 둘째는 한국과 일본이 주도하는 반자동형 지능형 로봇으로, 단순성과 실용성에 초점을 맞추고 있다. 1990년대에 이르러 지능형 로봇 기술 연구가 본격적으로 진전되었고, 지능형 이동 로봇은 군수 산업 분야까지 확장되었다. 현재 해외 기업들은 로봇의 지능형 기술을 물품의 분류와 배송에 적용하고 있으며, 이는 전례 없는 사례로서 중요한 이정표로 평가받고 있다(Beckmann et al., 2017).

물류 산업에서 로봇 기술의 적용

지능형 로봇을 활용하면 공간 점유를 최소화할 수 있으며, 물품 분류와 분배 능력을 향상해 노동 처리 비용을 절감할 수 있다. 무인 운반차(AGV)는 강력한 프로그램 제어와 관리 기능을 갖춘 유연하고 지능적인 물류 취급 로봇이다. 전자기 또는 광학 자동 유도 장치를 탑재해 설정된 유도 경로를 따라 자율적으로 이동할 수 있다. 이 차량은 배터리로 구동되고 컴퓨터로 제어되는 자동 운송 차량으로, 보안 기능과 지능형 하중 이송 기능을 포함하고 있다(Zhang, 2021). 또한 인간을 닮은 회색의 휴머노이드 로봇 '피겨 02(F.02)'는 마치 사람처럼 일일이 택배 봉투 겉면에 적힌 송장 바코드를 확인해 바코드가 바닥을 볼 수 있도록 뒤집어 컨베이어 벨트로 보낸다.

그 과정에서 바코드가 잘 보일 수 있도록 구겨진 봉투를 두 손으로 꾹 눌러 반듯이 펴기도 한다. 봉투뿐만이 아니다. 다양한 크기의 택배 상자가 들어와도 당황하지 않고 박스를 확인하더니 곧 뒤집어 컨베이어 벨트 위로 옮겨다 놓는다. 또한 불과 2~3초 만에 택배 물건을 분류하고 정리하는데, 로봇의 작업 속도보다 택배가 더 많이 쏟아지자 어리둥절하며 당황하는 듯한 표정을 하기도 하며, 곧 작업 속도를 빠르게 올려 쏟아지는 택배 물량을 처리한다(강신우, 2025).

물류의 발전과 미래 경쟁력

물류 기업의 기술력과 지능화 수준은 기업 역량을 평가하는 중요한 지표다. 전통 물류에서 현대 물류를 거쳐 지능형 물류로 발전하는 과정에서, 물류 산업은 지속적인 학습과 변화로 큰 발전을 이뤘다. 앞으로 물류 산업의 경쟁은 단순히 지능형 장비 간의 경쟁을 넘어, 빅데이터 기반 클라우드 창고와 정보 관리 시스템의 수준을 가늠하는 경쟁으로 확대될 것이다. 따라서 물류 기업들은 기술력 향상에만 머무르지 말고, 선진 경영 기법과 완성도 높은 기술 응용 사례를 적극적으로 배우고 도입해야 한다(Zhang, 2021).

참고문헌

강신우(2025.6.10). '안에 사람 있는 거 아냐?' … 택배 분류 휴머노이드 로봇 영상 '깜짝. 《서울경제》, https://v.daum.net/v/20250610064920193

Beckmann, E. et al.(2017.11.15). The potential of artificial intelligence in myology: a viewpoint from a non-robot. *Medecine Sciences: M/S, 33,* pp.39-45, https://www.medecinesciences.org/en/articles/medsci/abs/2017/09/medsci201733s1p39/medsci201733s1p39.html

Kunze, L. et al.(2018.7.13). Artificial intelligence for long-term robot autonomy: A survey. *IEEE robotics and automation letters,* 3(4), pp.4023-4030, https://arxiv.org/abs/1807.05196

Yang, Y. et al.(2021.3.19). Optimization on medical material distribution management system based on artificial intelligence robot. *Journal of healthcare engineering,* 5(1), pp.1-12, https://pubmed.ncbi.nlm.nih.gov/33828823/

Zhang, X.(2021.6). A comparative study on the influence of artificial intelligence robot distribution and traditional logistics distribution mode. *Journal of physics: conference series,* 1966(1), pp.1-7, https://iopscience.iop.org/article/10.1088/1742-6596/1966/1/012020

05
AI 로봇과 엔터테인먼트

엔터테인먼트 산업은 AI 기술과 로봇 공학의 융합으로 눈에 띄는 변화를 겪고 있는 분야 중 하나다. 단순한 기술적 진보를 넘어, AI 로봇은 이제 가수, 배우, 작가, 심지어 코미디언으로서 관객과 소통하는 새로운 주체로 등장하고 있다. 이제 우리는 '누가 예술을 만드는가?'라는 질문을 넘어, '기술과 감성은 어떻게 조화를 이룰 수 있는가?'라는 새로운 물음을 던져야 할 시점에 와 있다.

AI와 아이돌?

엔터테인먼트 로봇

소셜 로봇은 언어, 몸짓 등 사회적 행동으로 사람과 교감하고 상호작용을 하는 자율 로봇으로, 산업용 로봇이나 서비스 로봇같이 사람을 위해 물리적인 일을 하는 대신 사람처럼 대화하고 감성적인 몸짓으로 사람과 정서적으로 소통한다. 인공지능, 빅 데이터, 사물인터넷, 클라우드 컴퓨팅 등 기술이 융합되어 사람의 말을 이해하고, 카메라를 통해 얼굴을 살펴보고, 심리 상태를 분석해 대화하고 감정 표현을 하는 등 적절한 대응을 한다(다음 백과, '소셜 로봇'). 인공지능 기술의 빠른 발전과 다양한 분야로의 적용 덕분에 소셜 엔터테인먼트 로봇은 엔터테인먼트 산업에서 점차 큰 관심과 인기를 얻고 있다(Prattico & Lamberti, 2020). 이들 로봇은 음성 및 감성 기반 의사소통 기능을 갖추고 있으며, 특정 분야에서의 능력으로 사용자에게 즐거움과 재미를 제공한다. 예를 들어 소셜 엔터테인먼트 로봇을 활용한 지능형 음악 교실 상호작용 상태는 큰 주목을 받고 있다(Lyu & Wang, 2021).

이 상태는 음악 교육과 지능형 기술을 결합해 사용자가 음악 학습 과정에 더욱 적극적으로 참여하고 즐길 수 있도록 돕는다. 대화형 지능형 음악 교실에서 소셜 엔터테인먼트 로봇은 방대한 음악 지식과 인공지능 알고리즘을 활용해 학습자 맞춤형 교육과 지도를 제공하는 음악 교사 임무를 수행한다.

또한 학습자의 수준과 요구에 맞춘 학습 계획과 연습 자료를 설계하며, 실시간 피드백과 평가를 통해 지속적인 음악 능력 향상을 지원한다. 더불어 소셜 엔터테인먼트 로봇은 학습자와 함께 음악을 창작하고 공연하는 데 참여하며, 음악 스타일과 선호도에 따라 즉흥 연주를 해 진정한 음악적 상호작용을 구현한다(De Gauquier et al., 2021).

감성을 움직이는 엔터테인먼트 로봇의 부상

소셜 로봇은 복잡하고 변화하는 사회 환경 속에서 작동하는 물리적 존재로서, 자신과 공동체의 목표에 맞게 행동할 수 있는 능력을 갖추고 있다(Duffy et al., 1999). 이러한 로봇은 엔터테인먼트, 교육, 의료, 삶의 질 향상, 의사소통 등 다양한 영역에서 응용되면서 등장하기 시작했다(Rakhymbayeva et al., 2021). 이 중 엔터테인먼트 로봇은 여가 활동과 정서적 몰입을 통해 인간의 경험을 풍부하게 할 독특한 가능성을 지니고 있다. '엔터테인먼트'는 사람들의 관심을 끌고 유지하는 행위로 널리 정의

되며, 종종 감정적인 반응을 유발한다(Kang, 2025).

또한 노래 부르기, 춤추기, 게임 하기, 가족과의 소통을 돕는 기능 등을 통해 사람들과 상호작용을 할 수 있으며, 전반적으로 고독감을 해소하는 데 이바지한다(Wang & Young, 2014). 예를 들어, 네덜란드 암스테르담 스히폴 공항에서 승객 안내용으로 활용된 KLM의 로봇 '스펜서(Spencer)'가 대표적인 사례다(Murphy et al., 2017). 현대차그룹 로보틱스 계열사 보스턴 다이내믹스의 사족 보행 로봇 '스팟(Spot)'이 미국 방송사 NBC의 대표 예능 프로그램 '아메리카 갓 탤런트'에 출연해 군무를 선보였다. 스팟은 아이돌 그룹처럼 함께 모였다가 퍼지기도 하고, 몸을 좌우로 흔들며 군무를 펼쳤다. 또 로봇 팔을 들어 실제 노래를 하는듯한 제스처도 취했다. 특히 노래 시작 후 얼마 되지 않아 스팟 한 대가 동작을 멈추며 주저앉았는데, 그 로봇은 공연 후 보스턴다이내믹스의 연구원이 무대에 오르자 다시 정상 작동해 웃음을 자아내기도 했다(김보경, 2025).

엔터테인먼트 로봇 시장은 2028년까지 894억 2,000만 달러로 성장하고, 연평균 성장률(CAGR)이 25.5%에 이를 것으로 예측된다(The Business Research Company, 2025).

참고문헌

김보경(2025.6.12). '아메리카 갓 탤런트'서 춤춘 로봇개, 심사위원단은 모두 '예스'. 연합뉴스, https://v.daum.net/v/20250612104655661

다음 백과, 항목 '소셜 로봇', https://100.daum.net/encyclopedia/view/55XX83500047

De Gauquier, L. et al.(2021.5.27). In or out? A field observational study on the placement of entertaining robots in retailing. *International journal of retail & distribution management,* 49(7), pp.846–874, https://www.emerald.com/insight/content/doi/10.1108/ijrdm-10-2020-0413/full/html

Duffy, B. R. et al.(1999.9). What is a social robot?. *10th Irish conference on artificial intelligence & cognitive science,* https://researchrepository.ucd.ie/entities/publication/ea40086c-d355-49a0-8198-fdc96500d893

Kang, M. H. & Kim, S.(2025.6). Research trends in entertainment robots: A comprehensive review of the literature from 1998 to 2024. *Digital business,* 5(1), 100102, https://www.sciencedirect.com/science/article/pii/S2666954424000309

Lyu, D. & Wang, Z.(2021.9.20). Design and implementation of an intelligent classroom teaching system for music class based on internet of things. *International journal of emerging technologies in learning (iJET),* 16(18), pp.171–184, https://online-journals.org/index.php/i-jet/article/view/25665

Murphy, J. et al.(2017.3). Dawning of the age of robots in

hospitality and tourism: Challenges for teaching and research. *European journal of tourism research,* 15, pp.104-111, https://www.researchgate.net/publication/316188457_Dawning_of_the_Age_of_Robots_in_Hospitality_and_Tourism_Challenges_for_Teaching_and_Research

Prattico, F. G. & Lamberti, F.(2020.5.7). Mixed-reality robotic games: design guidelines for effective entertainment with consumer robots. *IEEE Consumer electronics magazine,* 10(1), pp.6-16, https://ieeexplore.ieee.org/abstract/document/9089273

Rakhymbayeva, N. et al.(2021.6.16). A long-term engagement with a social robot for autism therapy. *Frontiers in robotics and AI,* 8, https://www.frontiersin.org/journals/robotics-and-ai/articles/10.3389/frobt.2021.669972/full

The Business Research Company(2025.1). Entertainment robots global market report 2025, https://www.thebusinessresearchcompany.com/report/entertainment-robots-global-market-report

Wang, Y. & Young, J. E.(2014.5.7). Beyond "pink" and "blue": Gendered attitudes towards robots in society. *Gender IT '14: Proceedings of gender and IT appropriation. Science and practice on dialogue - Forum for interdisciplinary xxchange,* pp.49-59, https://dl.acm.org/doi/10.5555/2670296.2670308

06
AI 로봇과 교육 서비스

4차 산업혁명 시대를 맞이해 인공지능 기술은 교육의 패러다임을 빠르게 변화시키고 있다. 특히 AI 로봇은 단순한 도구를 넘어, 학습자와 상호작용을 하며 맞춤형 교육을 제공하는 지능형 교육 파트너로 주목받고 있다. AI 로봇을 활용한 교육 서비스는 학습자의 수준과 성향을 분석해 최적화된 학습 콘텐츠를 제공하고, 반복 학습과 실시간 피드백을 통해 교육의 효과를 극대화한다. 이러한 변화는 단지 기술의 진보를 넘어, 교육의 접근성과 효율성을 근본적으로 혁신하고 있다.

AI와 야구?

인간 중심 인공지능과 교육에서의 활용

인간 중심 인공지능(HCAI, Human-Centered AI)은 인문학적 관점을 최우선으로 고려하며, 인간의 맥락과 사회적 현상을 반영해 AI 알고리즘을 지속적으로 조정하는 신뢰할 수 있고 설명할 수 있는 계산 방식을 요구한다. 이를 통해 기계 지능이 인간 지능을 보완해 인류의 복지를 향상하는 것으로 정의된다(Yang et al., 2023).

강력하고 신뢰할 수 있는 인간 중심 인공지능 시스템이 교육에 적용되려면, 학습자의 경험, 필요, 감정, 사회적 맥락을 이해하고 복잡한 학습 환경에 적응하며 개인과 적절히 상호작용을 할 수 있어야 한다(Li et al., 2021). 이는 인간과 AI가 원활하게 소통하고, AI에 인간의 능력과 지식, 개인적 관점을 통합하는 과정을 통해 실현된다(Renz & Vladova, 2021). 또한 인간 중심 인공지능은 학습자의 감정과 인지를 반영해 AI가 학습자의 언어, 감정, 행동을 이해함으로써 양자 간 격차를 줄인다(Shneiderman, 2020). 인간 중심 인공지능이 개인을 이해하고 상황에 적응하며 적절히 상호작용을 하는 능력은 교육 발전에 특히 중요하다. 학습은 본질적으로 인간과의 상호작용을 포함하기 때문에 AI 기반 학습 기술은 학습자의 성과뿐 아니라 감정, 느낌, 상호작용, 학습 환경에도 집중하는 인간 중심이어야 한다(Shneiderman, 2020).

정밀 교육을 위한 AI 로봇

AI 로봇과 인간 친화적 시스템은 실제 환경에서의 실습과 체험을 통해 개인 맞춤형 자연스러운 상호작용을 가능하게 해 정밀 교육에서 중요한 역할을 하고 있다(Chen et al., 2020). 중 등(Zhong et al., 2020)은 84명의 중학생을 대상으로 한 준실험에서 가상 및 물리적 로봇이 복잡한 문제 해결을 위한 고차원적 사고를 촉진하고 인지 부하를 줄이는 데 효과적임을 입증했다. 산토스 등(Santos et al., 2020)의 연구에서는 아이들이 챗봇에 자신의 감정 경험을 공유하면, 챗봇이 이에 맞게 개인화된 지원을 제공하는 방식을 제시했다. 에드워즈 등(Edwards et al., 2018)이 제시한 정밀 교육을 위한 AI 로봇의 장점은 다음과 같다.

(1) 개별 학습자의 지식수준과 학습 스타일에 맞춰 교수와의 소통을 조정해 일대일 학습을 촉진한다.

(2) 교사의 역할이 기계 중심 교수법을 설계 · 선택하고, 학습 진행을 감시하며, 심리적 지원을 제공하는 감독자로 전

환되도록 돕는다.

(3) 추상적 개념을 개인 맞춤형 실제 문제로 전환해 이론을 실천할 수 있는 통합 학습 경험을 제공한다.

(4) 학생들이 개별 및 협력적 실험 학습을 통해 자신만의 속도로 개인화된 자료로 학습할 수 있도록 지원한다.

정밀 교육에서 AI 로봇 활용에는 단점도 있다(Tlili et al., 2020; Chen et al., 2022).

첫째, 개인 맞춤형 학습 목표를 반영한 복잡한 AI 로봇을 제작하고 재구성하며 수리하는 데 많은 시간과 노력이 필요하다.

둘째, 동일한 행동 분석 및 패턴 인식 프로토콜을 사용하는 로봇은 유머 감각이나 실시간 경험이 부족해, 부여된 과업 외에 학습자와 개인적 유대 형성이 어렵다. 또한, 높은 자원과 지원 시설 요구로 인해 대규모 로봇 양성에도 어려움이 있다.

이러한 단점에도 불구하고, 정밀 교육에서 AI 로봇 사용에 관한 기존 연구들은 대체로 학습 동기, 참여도, 몰입도 향상과 과학 및 수학 개념 이해 증진, 성취도 향상,

창의성, 설계, 문제 해결, 팀워크 발달 등에서 긍정적인 효과를 보고하고 있다(She & Ren, 2021; Kubilinskiene et al., 2017).

이러한 이유로 AI 로봇 지원 정밀 교육은 활발한 연구 분야로 발전하고 있다.

참고문헌

Chen, X. et al.(2020). Application and theory gaps during the rise of artificial intelligence in education. *Computers and education: Artificial intelligence,* 1, 100002, https://doi.org/10.1016/j.caeai.2020.100002

Chen, X. et al.(2022.1). Two Decades of Artificial Intelligence in Education: Contributors, Collaborations, Research Topics, Challenges, and Future Directions. *Educational technology & society,* 25(1), pp.28-47, https://eric.ed.gov/?id=EJ1336009

Edwards, C. et al.(2018.10). I, teacher: Using artificial intelligence(AI) and social robots in communication and instruction. *Communication education,* 67(4), pp.473-480, https://www.researchgate.net/publication/327267609_I_teacher_using_artificial_intelligence_AI_and_social_robots_in_communication_and_instruction

Kubilinskiene, S. et al.(2017.3). Applying robotics in school education: A Systematic review. *Baltic journal of modern computing,* 5(1), pp.50-69, https://www.researchgate.net/publication/315598607_App

lying_Robotics_in_School_Education_a_Systematic_Review
Li, B. et al.(2021.10.4). Trustworthy AI: From principles to practices. *ArXiv,* https://arxiv.org/abs/2110.01167
Renz, A. & Vladova, G.(2021.6). Reinvigorating the discourse on human-centered artificial intelligence in educational technologies. *Technology innovation management review,* 11(5), pp.5-16, https://www.researchgate.net/publication/352051886_Reinvigorating_the_Discourse_on_Human-Centered_Artificial_Intelligence_in_Educational_Technologies
Santos, K.-A. et al.(2020.6). Therapist vibe: Children's expressions of their emotions through storytelling with a chatbot. *Interaction Design and Children Conference,* https://www.researchgate.net/publication/346201676_Therapist_Vibe_Children's_Expressions_of_their_Emotions_through_Storytelling_with_a_Chatbot
She, T. & Ren, F.(2021.9.30). Enhance the language ability of humanoid robot NAO through deep learning to interact with autistic children. *Electronics,* 10(19), 2393, https://www.mdpi.com/2079-9292/10/19/2393
Shneiderman, B.(2020.12). Bridging the gap between ethics and practice: Guidelines for reliable, safe, and trustworthy human-centered AI systems. *ACM Transactions on interactive intelligent systems,* 10(4), pp.1-31, https://www.researchgate.net/publication/347129395_Bridging_the_Gap_Between_Ethics_and_Practice_Guidelines_for_Reliable_Safe_and_Trustworthy_Human-centered_AI_Systems
Tlili, A. et al.(2020.8). A Systematic review on robot-assisted

special education from the activity theory perspective. *Educational technology & society*, 23(3), pp.95–109, https://www.researchgate.net/publication/343712678_A_Systematic_Review_on_Robot-Assisted_Special_Education_from_the_Activity_Theory_Perspective

Yang, S. J. H. et al.(2023). Guest editorial: Human-centered AI in education: Augment human intelligence with machine intelligence. *Educational technology & society*, 26(1), pp.95–98, https://waseda.elsevierpure.com/en/publications/guest-editorial-human-centered-ai-in-education-augment-human-inte

Zhong, B. et al.(2020.7.2). An Exploration of combining virtual and physical robots in robotics education. *Interactive learning environments*, 31(1), https://doi.org/10.1080/10494820.2020.1786409

07

AI 로봇과 관광 및 호텔 서비스

전통적으로 사람 중심이던 관광 및 호텔 산업이 최근 AI와 로봇 기술의 발전으로 큰 변화를 겪고 있다. 과거에는 고객 응대, 객실 안내, 예약 등 대부분의 서비스가 사람에 의해 이뤄졌지만, 현재는 AI 로봇으로 대체되고 있다. 특히 코로나19로 인해 비대면 서비스 수요가 증가하면서 로봇의 도입이 가속화되었고, 세계 여러 호텔이 로봇을 고객 응대에 적극 활용하고 있다.

AI와 윤동주?

AI 로봇이 가져온 환대 산업의 변화: 기술과 인간의 조화로운 고객 경험

관광 및 호텔 산업에서 AI 로봇은 고객 경험을 근본적으로 변화시키고 있다. AI 로봇은 인간 중심의 서비스 가치를 재구성하고, 고객의 감정적 요구와 기술 편의성을 동시에 확장해 고객 경험의 새로운 지평을 열고 있다. AI 로봇은 체크인/체크아웃 서비스를 통해 고객 응대를 자동화해 보다 편리한 경험을 제공하고, 객실 서비스 및 관리 영역에서 서비스 전달의 혁신을 이루고 있다. 또한 개인화된 데이터를 기반으로 한 AI 로봇과의 상호작용은 호텔 산업에서 고객에게 특별한 경험을 제공하고 있다.

따라서 이 장에서는 관광 및 호텔 산업에서 AI를 기반으로 한 로봇이 수행하는 다양한 역할을 살펴보고, 로봇이 제공하는 고객 서비스 방식과 고객 경험의 변화 양상을 조명해 본다.

이러한 변화의 흐름을 이해하고자 AI 로봇이 관광 및 호텔 산업에서 수행하는 주요 기능을 4가지로 구분해 AI 로봇이 가져온 환대 산업의 변화를 고찰하고자 한다. 그리고 이러한 변화의 양상이 환대 산업에 어떤 실무적 함의를 제공하는지 살펴보고, 향후 과제에 대한 시사점도 함께 논의하고자 한다.

고객 접점 자동화: 체크인·체크아웃, 프런트 업무 등 반복적 접점 자동화

호텔업 자동화는 로봇 기술을 통해 더욱 가속화되고 있으며, 정리 작업부터 룸서비스까지 다양한 분야에서 로봇 기술이 활용되고 있다(Gupta et al., 2022). 호텔의 안내대는 호텔의 전반적인 이미지를 좌우하는 첫 접점이며, 정형화되고 반복적인 업무가 집중되는 공간이다. AI 기반의 로봇은 이러한 접점을 고려한 설계로 고객 응대를 자동화하고, 비대면 상황에서도 안정적으로 고객 서비스를 제공한다.

일본의 헨나 호텔(Henn na Hotel)은 세계 최초로 AI 로봇을 도입했다. 이 호텔은 로봇이 일하는 호텔로 기네스에 등재되었다. 헨나 호텔은 안내대에서 사람이 아닌 로봇이 고객의 체크인을 돕고, 음성 인식 기술을 통해 고객 정보를 확인하고 키오스크를 통해 자동으로 객실 열쇠를 준다(박혜섭, 2019).

헨나 호텔의 로봇은 영어, 한국어, 중국어 등을 포함해 약 5개국의 언어가 가능하다. 헨나 호텔의 로봇이 제공하는 서비스는 고객의 대기 시간을 감축하고, 고객의 프라이버시를 보호하고, 안전과 쾌적함을 동시에 확보할 수 있어 고객들에게 긍정적인 평가를 받고 있다.

도쿄 히카리 호텔(Hikari Hotel)은 로봇 컨시어지를 통해 체크인 방식에 혁신을 가져왔다. 안면 인식이 가능한 로봇 컨시어지를 도입해 외국인 고객이 급증하는 성수기 시즌에 안내대의 인력 부족 문제를 해결했다. 로봇 컨시어지는 투숙객을 맞이하고 체크인 시간을 단축할 뿐만 아니라 안면 인식 기술을 통해 투숙객은 더욱 빠르게 체크인할 수 있다. 이를 통해 직원 자원의 효율적인 활용과 대기 시간 단축이라는 성과를 거두었다(Sharma et al., 2024).

미국 캘리포니아주에 있는 쉐라톤 로스앤젤레스 산 가브리엘 호텔은 음성 인식 기능을 탑재한 로봇을 도입해 안내대 업무를 지원하고 있다. 이 호텔은 AI 기반 로봇은 체크인/체크아웃 절차를 자동화하고, 지역 명소나 호텔 시설에 대한 정보를 제공해 고객 응대의 효율성을 높이고 있다(BlueprintRF, 2023). AI 기반 로봇은 직원과 투숙객 모두의 시간을 절약할 뿐만 아니라, 경쟁 호텔과 차별화되는 기억에 남는 경험을 제공하고 있다. 이처럼 체크인/체크아웃 서비스 영역에서 AI 로봇은 고객 접점을 자동화하고 이를 통해 호텔 운영의 효율성과 고객 만족도를 동시에 향상하고 있다. 특히 반복적이고 표준화된 업무에 AI 로봇이 투입됨으로써 직원은 더 전문화되고 감성적 터치가 필요한 업무에 집중할 수 있으며, 고객은 빠르고 편리하게 서비스를 제공받을 수 있어 호텔 고객 경험 향상에 크게 기여하고 있다. 나아가 AI 로봇과 안면/음성 인식 기술 등의 융합은 개인화된 경험을 제공할 수 있게 하며 이는 환대 산업에서 새로운 서비스 품질의 기준이 되고 있다.

서비스 전달 혁신: 객실 내 서비스, 정리 작업, 배송 로봇의 도입

호텔 객실은 지능형 로봇의 역량이 가장 실질적으로 구현되는 공간으로, 룸서비스, 객실 제어를 통한 자동화, 객실 청소 등을 중심으로 AI 기술이 적용되고 있다.

노동 비용의 증가에 따라 AI 로봇 같은 자동화 시스템은 호텔이 객실 서비스, 욕실용품, 침구와 리넨 제공 등에서 보다 효율적이고 더 나은 서비스를 제공하는 데 기여하고 있다(Li et al., 2019).

부산롯데호텔의 엘 로봇은 레이저 센서를 활용한 자율주행 로봇으로 호텔 내부 고객용 엘리베이터와 연동돼 객실에 어메니티, 생수, 기타 객실 비품 등을 지정된 객실로 운반해 준다(노주섭, 2021).

또한 미국 르네상스 댈러스 호텔은 미국 최초 LG 룸서비스 로봇을 도입해 운영되고 있다. LG 룸서비스 로봇 역시 엘리베이터와 연동되어 층간 이동이 가능해 각 층을 효율적으로 이동하고, 룸서비스, 추가 세면도구 및 기타 필수품을 배달한다(Robotics Tomorrow, 2025).

그뿐만 아니라 이 호텔의 로봇은 호텔 인력 자원을 최적화하는 동시에 독특하고 미래 지향적인 고객 경험을 제공한다. 스페인 베니도름에 있는 클리미아 베니도름 호텔(Climia Benidorm Hotel)은 2024년 10월부터 8대의 로봇 집사를 도입해 객실 서비스, 청소, 리셉션 업무 등을 수행하고 있다. 특히, '그리틴보잇(Greetinboit)'이라는 이름의 리셉션 로봇은 30개 언어를 구사하며, 고객 응대 및 지역 정보 제공을 담당한다(Evenden, 2024). 이러한 로봇 도입은 고객 경험을 향상할 뿐만 아니라 직원의 업무 부담을 줄여 호텔의 효율적인 운영 측면에서 크게 기여하고 있다.

객실 서비스 및 시설 관리 영역에서 AI 로봇의 도입은 서비스 전달 방식에 혁신을 가져오고 있다.

이러한 혁신은 고객과 직원 모두에게 실질적인 혜택을 제공하고, 호텔 운영 효율성을 극대화하고 인건비 부담을 줄이는 데 기여하고 있다. 특히 AI 로봇은 다양한 언어를 지원하고, 자율주행 기술을 통해 객실과 호텔 층을 자유롭게 이동할 수 있어 빠르게 변화하는 글로벌 호텔 산업의 고객 추세에 유연하게 대처할 수 있는 기반을 마련해 주고 있다.

그뿐만 아니라 지능형 로봇 기술을 통한 객실 자동화 서비스는 호텔 산업의 미래 지향적인 상표 인지도를 강화하는 핵심 요소로 자리매김하고 있다.

상호작용 및 안내 기능: 컨시어지, 관광 안내, 다국어 상호작용

최근 호텔 및 관광 산업에서는 AI 기반 스마트 컨시어지 로봇을 활용해 고객 응대의 새로운 패러다임을 제시하고 있다. AI 기반 로봇은 관광지를 안내할 뿐만 아니라 고객과의 상호작용을 강화하고 있다. 이러한 로봇들은 한국어, 영어, 중국어, 일본어 등 다국어 지원이 가능할 뿐만 아니라 개인화된 추천, 비대면 서비스 제공 등을 통해 차별화된 고객 경험을 제공하고 있다. 인천국제공항의 안내 로봇인 '에어스타(Air star)'는 공항 내를 돌면서 주요 시설을 실시간으로 안내하고, 필요시 탑승구까지의 경로를 직접 안내하며 간단한 관광 정보도 제공한다. '에어스타'는 인식 기술과 터치 패드를 활용해 다양한 국가의 고객과 소통을 원활하게 끌어낸다. '에어스타' 같은 안내 로봇은 고객 경험의 질을 높이고, 관광지의 정보 전달 효율성과 상표 가치를 높이는 데 기여하고 있다.

스페인 바르셀로나의 가우디 그랜드 호텔(Gaudi Grand Hotel)은 AI 기반 로봇 컨시어지를 통해 고객의 선호도와 이전 행동 데이터를 분석해 개인화된 지역 추천 서비스를 제공한다. 이 로봇은 고객의 선호도를 바탕으로 레스토랑, 관광지 등을 실시간으로 다양한 장소를 추천해 준다. 개인화된 추천 덕분에 고객은 인간 컨시어지보다 더욱 개인화된 서비스를 받을 수 있으며(Sharma et al., 2024), 이를 통해 고객 경험을 향상하고 있다. 미국 버지니아주의 힐튼 매클레인 호텔에서는 IBM의 왓슨(Watson) AI를 기반으로 한 로봇 컨시어지 '코니(Connie)'를 도입해 운영하고 있다. '코니 로봇'은 음성인식 기능을 통해 고객의 질문에 응답하며, 호텔 시설, 주변 관광지, 레스토랑 등에 대한 정보를 제공해 준다. '코니 로봇'은 고객과의 상호작용을 통해 학습하며, 더 나은 서비스를 제공하도록 설계되었다(Muoio, 2016). 이러한 스마트 컨시어지 로봇의 도입은 호텔 산업에서 고객 서비스의 혁신을 이끌고 있으며, 고객 경험 향상과 운영 효율성 증대에 기여하고 있다. 이러한 사례들은 로봇 컨시어지가 고객 불편을 개선하고, 지역 정보를 제공하며, 체크인 절차를 간소화하는 방법을 종합적으로 보여 준다.

로봇 도입이 가져온 고객 경험의 변화

AI 로봇과 관련된 기술 발전은 관광 및 호텔 산업을 포함한 서비스 산업의 지형을 변화시키고 있으며(Huang et al., 2020), 고객 경험의 패러다임을 변화시키고 있다.

호텔은 기억에 남는 숙박 경험을 제공하기 위해 업계는 지능형 로봇을 도입하기 시작했으며(Gupta et al., 2022), 여러 호텔에서 웨이터, 버틀러, 객실 청소부 등에 로봇을 활용하고 있다(Çakar & Aykol, 2020). 전통적으로 서비스 산업에서 서비스 제공자는 인간이었다(Chiang & Trimi, 2020). 호텔 산업 역시 직원과 인간의 상호작용이 고객 서비스의 핵심이었다. 그러나 오늘날에는 로봇을 통해 비대면화된 방식으로 맞춤화된 서비스 경험을 제공하는 것이 새로운 고객 서비스의 기준이 되고 있다. 이러한 변화는 단순히 고객 서비스를 제공하는 방식의 변화를 넘어 고객에게 새로운 가치를 전달하고, 고객 만족과 고객의 감정적 반응에 큰 영향을 미치고 있다.

관광 및 호텔 산업에서 AI 로봇 기술의 도입에 따른 고객 경험의 변화는 다음과 같다.

첫째, AI 로봇은 서비스 접근성을 높이고 서비스 응답성을 향상해 긍정적인 고객 경험에 기여하고 있다. 특히 표준화되고 반복적인 요청에 24시간 연중무휴로 대응할 수 있으며, 고객의 불필요한 대기 시간을 획기적으로 줄여 준다. 또한 코로나 팬데믹 이후 비대면 접촉을 선호하는 고객에게 안정성과 편리성을 동시에 제공함으로써 긍정적인 고객 경험을 창출하고 있다.

둘째, 보다 정교화된 개인화 서비스 제공의 진화도 주목할 만한 변화다. 과거 로봇은 단순하고 반복적인 업무에 투입되어 기계적 업무를 수행했다. 그러나 최근 AI를 기반으로 한 로봇 기술이 도입되면서 이전보다 정교하게 고객 서비스 제공이 가능해졌다. AI 로봇은 고객의 선호도, 과거 데이터, 행동 패턴을 학습해 선호도에 기반한 관광지를 추천하고 맞춤형 식음료를 제안한다. 그뿐만 아니라 고객 데이터를 분석해 인간 컨시어지보다 더 정밀하고 세분된 고객 경험을 제공한다.

셋째, 고객의 감정적 요구 변화에 신속히 대응하고 있다. 호텔을 이용하는 젊은 소비자들은 로봇과의 상호작용을 흥미롭고 신선한 경험으로 인식하고 있다. 특히 MZ세대를 중심으로 한 로봇 호텔의 경험은 로봇 서비스에 대한 수용성과 흥미를 높여 기억에 남은 서비스를 경험했다고 평가한다. 그러나 또 다른 한편으로는 인간적 상호작용을 중시하는 고객층 또는 고령층의 고객들은 로봇이 제공하는 서비스에 대해 인간미 없다고 생각하거나 감정적 교감의 부재를 지적하기도 한다. 이러한 맥락은 향후 서비스 맥락에 맞는 로봇의 설계와 인간 중심적인 접근이 병행되어야 함을 시사한다.

시사점

이 장에서는 AI 로봇이 관광 및 호텔 산업에서 도입되어 수행하는 다양한 역할과 그로 인해 변화된 고객 경험의 변화를 고찰했다. AI 로봇은 안내대, 객실 관리, 룸서비스, 컨시어지, 관광 안내 등 호텔 산업의 전 영역에서 활용되고 있다.

로봇은 반복적 · 표준화된 업무를 효율적으로 수행하는 동시에, 개인화된 맞춤 서비스를 통해 고객 경험의 질을 향상하고 있다. 특히 코로나19 이후, 로봇은 고객 접점에서 안정성과 효율성을 동시에 제공하며 서비스 품질의 새로운 기준을 제시하고 있다.

또한 고객 응대 방식뿐만 아니라 호텔 운영 방식에도 구조적 변화를 불러오고 있다. 인건비 절감, 업무 자동화, 운영 효율성 증대, 그리고 브랜드 차별화 전략으로서의 로봇 도입은 호텔 기업의 경쟁력을 강화하는 요소로 작용하고 있다.

향후 AI 로봇은 더욱 정교하고 자율적인 서비스 주체로 진화할 것으로 예상된다. AI 기술이 급속도로 발전함에 따라 감성 인식, 상황 판단, 맞춤화 기능이 고도화되면서, 단순 보조자에서 고객과 상호작용을 하는 동반자로 전환될 가능성이 높다.

호텔 산업은 지능형 기반, 사물인터넷, 디지털 트윈 등과 결합한 통합 서비스 플랫폼을 통해 고객에게 더욱 몰입도 높은 경험을 제공하게 될 것이다. 궁극적으로는 로봇이 단순한 서비스 제공자가 아니라, 브랜드 경험과 고객 충성도에 영향을 미치는 핵심 자산으로 재정의될 것으로 예상된다.

참고문헌

노주섭(2021.8.16). AI 로봇이 서빙하고 청소까지… 스마트해진 부산롯데호텔. 파이낸셜뉴스, https://www.fnnews.com/news/202108161935533884

박세아(2020.7.17). 로봇 강국 일본, 코로나19로 새로운 일상 앞당긴다. ATLAS Review, http://www.atlasreview.co.kr/news/articleView.html?idxn

o=1225

박혜섭(2019.11.15). [일본 HIS 기업 AI 실험과 과제] (1) 세계 최초 AI 로봇 호텔 '헨나호텔'. AI TIMES, https://www.aitimes.com/news/articleView.html?idxno=121777

Yoo, E.(2018.11.2). 알리바바, 인공지능 미래 로봇 호텔 오픈. 로봇신문, https://www.irobotnews.com/news/articleView.html?idxno=15424

BlueprintRF(2023). Service robots in the hotel industry: Key examples and advantages, https://www.blueprintrf.com/service-robots-in-hotels

Çakar. K. & Aykol, S.(2020.12). Understanding travellers' reactions to robotic services: a multiple case study approach of robotic hotels. *Journal of hospitality and tourism technology,* 12(1), pp.155-174, https://www.researchgate.net/publication/347848824_Understanding_travellers'_reactions_to_robotic_services_a_multiple_case_study_approach_of_robotic_hotels

Chiang, A. H. & Trimi, S.(2020.8.7). Impacts of service robots on service quality. *Service business,* 14(3), pp.439-459, https://link.springer.com/article/10.1007/s11628-020-00423-8

Evenden, J.(2024.10.28). MEET THE BENI-BOTS Iconic Benidorm hotel adding fleet of ROBOT butlers to serve Brit guests booze straight to their rooms. *The Sun,* https://www.thesun.co.uk/news/31359371/benidorm-hotel-new-robot-staff-members

Gupta, S. et al.(2022.7). Artificial intelligence enabled robots for stay experience in the hospitality industry in a smart city. *Industrial management & data systems,* 122(2), pp.2331–2350, https://www.researchgate.net/publication/362232881_Artificial_Intelligence_enabled_robots_for_stay_experience_in_the_hospitality_industry_in_a_smart_city

Huang, M. H. & Rust, R. T.(2020.2). Engaged to a robot? The role of AI in service. *Journal of service research,* 24(11), pp.30–41, https://www.researchgate.net/publication/339414443_Engaged_to_a_Robot_The_Role_of_AI_in_Service

Knutsson, K.(2025.6.4). AI robots help nurses beat burnout and transform hospital care. *Fox News,* https://www.foxnews.com/tech/ai-robots-help-nurses-beat-burnout-transform-hospital-care

Li, J. et al.(2019.8). Hotel employee's artificial intelligence and robotics awareness and its impact on turnover intention: The moderating roles of perceived organizational support and competitive psychological climate. *Tourism management,* 73, pp.172–181, https://www.sciencedirect.com/science/article/abs/pii/S0261517719300354

Miranda, S. M. et al.(2015). Jamming with social media: How cognitive structuring of organizing vision facets affects IT innovation diffusion. *MIS Quarterly,* 39(3), pp.591–614, https://www.semanticscholar.org/paper/Jamming-with-Social-Media%3A-How-Cognitive-of-Vision-Miranda-Kim/8ffe34a65dc440b7f432164bec0003b594614e0a?p2df

Muoio, D.(2016.3.11). Hilton just made a robot the concierge at one of its hotels. *Business insider,* https://www.businessinsider.com/meet-connie-the-robot-hilton-hotels-newest-concierge-2016-3

Nam, K. et al.(2020.9). The adoption of artificial intelligence and robotics in the hotel industry: prospects and challenges. *Electronic markets,* 31, pp.553-574, https://www.researchgate.net/publication/344380231_The_Adoption_of_Artificial_Intelligence_and_Robotics_in_the_Hotel_Industry_Prospects_and_Challenges

Robotics Tomorrow(2025.3.25). Marriott and LG chose RobotLAB to revolutionize hotel automation, https://www.roboticstomorrow.com/news/2025/03/25/marriott-and-lg-chose-robotlab-to-revolutionize-hotel-automation/24504

Sharma, M. C. et al.(2024.6). Robotic Concierges and Smart Spaces: A Vision for the Future of Hospitality Services. *International conference on innovation and regenerative trends in tourism and hospitality industry (IRTTHI 2024),* pp.511-525, https://www.researchgate.net/publication/381392593_Robotic_Concierges_and_Smart_Spaces_A_Vision_for_the_Future_of_Hospitality_Services

08
AI 로봇과 건강관리 서비스

인공지능과 로봇의 융합은 건강관리 산업 전반에 많은 변화를 불러왔다. 전통적으로 의료 서비스는 노동 집약적 산업이며, 고도의 전문성이 필요하고, 인간의 판단에 의존하는 산업이다. 그러나 최근 진단과 치료뿐만 아니라 알고리즘 기반의 의사결정, 수술, 돌봄, 모니터링 등 로봇 기술 중심으로 의료 환경이 빠르게 재편되고 있다. 이러한 변화의 중심에는 AI를 기반으로 하는 로봇 기술의 도입과 활용이 자리하고 있다.

AI와 한의학?

AI 로봇이 만드는 건강관리: 인간 중심 의료 서비스에서 인간-로봇 협업 관계로

의료 현장에서 AI 로봇은 단순히 자동화 도구가 아닌 환자 데이터를 기반으로 의사 결정을 돕고, 미래의 질병을 예측하며, 더 나아가 질병 예방과 관리까지 의료 전 분야에 광범위하게 적용되고 있다.

그뿐만 아니라 환자의 생체 정보를 실시간 모니터링하고, 의료진을 정밀하게 지원하며, 재활 및 정신 건강 돌봄에 이르기까지 폭넓게 적용되고 있다.

특히 코로나19 팬데믹은 비대면 의료 서비스에 대한 요구를 증폭했고, 이에 따라 원격 진료, 원격 모니터링, 감염 예방 등의 기능을 갖춘 AI 로봇의 수요를 폭발적으로 증가시켰다.

이 장에서는 AI 기반 로봇이 건강관리 서비스 각 분야에서 수행하고 있는 역할을 살펴보고, 실제 적용 사례를 통해 기술 중심의 의료 서비스 혁신의 변화 양상을 조명해 본다. 또한 의료진과 환자 관점에서 AI 기반 건강관리 로봇이 지닌 한계를 분석하고, 향후 의료 산업 내 인간-로봇의 상호작용 구조가 어떠한 방향으로 확장해야 하는지에 대한 시사점도 함께 논의하고자 한다.

환자 모니터링과 AI 로봇

AI 기반 로봇은 응급 상황에 즉각적으로 대응하고, 질병 악화를 방지하며, 치료 결과를 향상하는 등 환자 모니터링에 핵심적인 임무를 수행하고 있다. 평균 수명의 연장과 고령화로 인해 만성 질환 환자 수는 점점 더 증가하고 있어 이에 따른 정밀한 환자 모니터링의 중요성이 점차 커지고 있다. 특히 만성 질환자, 고령층 환자군은 병적 이상 징후를 조기에 발견해 대응할 수 있는 실시간 원격 모니터링 기술이 치료 효과를 높이는 핵심 도구로 평가된다. 최근에는 AI 센서 기술과 사물인터넷이 결합한 AI 기반 로봇이 원격 모니터링을 더욱 정교하게 구현하고 있으며, 이는 병원과 요양 시설, 가정 등 환자의 일상과 다양한 의료 환경에 활발하게 적용되고 있다. 일본 소프트뱅크가 개발한 휴머노이드 로봇 페퍼(Pepper)는 돌봄 시설에 활용되고 있다. 페퍼는 환자의 움직임을 인식해 낙상을 예방하고, 위험 신호를 감지하면 알람을 전송해 도움을 요청할 수 있게 한다(장길수, 2024). 그뿐만 아니라 사람의 감정을 인식하는 '소셜 로봇'답게 인간의 상호작용에 최적화되어 대화와 터치스크린으로 사람들과 교류할 수 있게 한다(박세아, 2020). 이러한 경험을 통해 고령자를 위한 정서적 동반자 및 사회적 상호작용 매개체로 자리매김할 수 있음을 입증했다(장길수, 2024).

최근 클라우드 스트리밍 및 AI 설루션 분야의 세계 정상급인 대만의 유비투스(Ubitus)는 엔비디아(NVIDIA)의 최첨단 기술과 독점적인 AI 모델을 결합해 대만의 최대 의료 센터인 매케이기념병원(MacKay Memorial Hospital, 馬偕紀念醫院)과 함께 다양한 의료 응용 분야에 맞게 설계된 세 대의 지능형 로봇을 공동 개발했다(Knutsson, 2025). 이 로봇은 환자를 모니터링하고 병원 물류 업무를 지원한다. 폭스콘(Foxconn)과 엔비디아가 공동 개발한 누라봇(Nurabot)은 간호사의 번 아웃 극복과 병원 치료 혁신에 도움을 주고 있다. 전 세계 의료 시스템은 2030년까지 450만 명의 간호사 부족에 직면할 것으로 예상되며, 이러한 부족의 주요 원인은 간호사의 번 아웃이다. 누라봇은 병원 내에서 약물 배달, 병실 순찰, 방문객 안내 등 다양한 업무를 수행하며, 반복적이고 물리적인 작업을 자동화함으로써 간호 인력의 업무 부담을 약 30% 경감하는 데 기여하고 있다(Knutsson, 2025).

AI 기반 로봇은 실시간 환자 위치 추적, 약품 및 검사물 자동 운반, 감시 시스템 등을 통한 안전 관리와 모니터링을 통해 병원에서 보조적인 임무를 수행한다. 최근

중국은 세계 최초의 AI 기반 병원을 개원하며 의료의 새로운 시대를 열었다. 베이징의 "로보닥 병원(Robodoc Hospital)"은 중국 최초 인공지능 시스템으로 운영된다. 인간 의사와 간호사 대신, 최첨단 AI 기반 로봇이 배치되어 환자를 진단, 치료, 감시한다. 로보닥 병원의 AI 로봇 의사와 간호사들은 하루 최대 3,000명의 환자를 치료하고, AI 의사는 인간의 개입 없이 환자를 진단하고 치료할 수 있다. 환자는 스마트폰 앱을 통해 AI 의사와 원격으로 상호작용을 할 수 있으며, AI 시스템은 시간이 지남에 따라 지속적으로 학습하고 업데이트된다(Sarfraz, 2024). 로보닥 병원은 의료 서비스에 대한 환자 경험을 개선하고, 의료 서비스가 부족한 지역에서 의료 접근성을 획기적으로 확대할 수 있는 잠재력으로 주목받고 있다.

이처럼 건강관리 서비스에서 AI 기반 로봇은 환자 모니터링의 효율성을 비약적으로 향상하고 있으며, 의료 현장에서 돌봄 로봇은 인간 중심 보살핌의 중요한 파트너로 역할하고 있다. AI 기반 로봇은 단순한 기술적 도구를 넘어 실시간으로 환자의 상태를 모니터링하고, 응급 상황에 대처할 수 있게 하며, 더 나아가 감정적 상호작용까지 가능해 의료진의 업무 부담을 획기적으로 줄이고, 환자 삶의 질 개선에도 크게 기여하고 있다. 특히 고령화 시대 AI 기반 돌봄 로봇은 의료 인프라의 핵심 수단으로 역할을 할 것이며, 미래 건강관리 시스템의 패러다임 전환에 핵심축으로 기능하게 될 것이다.

의무 기록 관리와 진료 지원 AI 로봇

의무 기록 관리와 진료 지원 단계에서 AI 로봇은 주로 의료 문서 자동화, 임상적 의사 결정 지원, 환자 상호작용 촉진 등의 기능을 통해 의료진의 부담을 줄이고 진료 품질 향상에 기여하고 있다. 의료 현장은 매일 방대한 양의 환자 기록, 검사 결과, 처방 정보 등 많은 양의 의료 데이터를 생성한다. 이러한 방대한 데이터를 진료 메모나 요약으로 변환하는 행위는 임상의에게 큰 부담으로 다가온다(이석원, 2024). 하지만 지금은 AI 기반 로봇이 과거 의료 현장에서 수기로 입력하던 것을 대신하고 있다.

AI 로봇은 환자들의 진료 기록을 작성, 분류, 전송하는 것을 자동화해 의료진의 업무 효율성을 극대화한다. 미국의 AI 설루션 기업 뉘앙스(Nuance)는 자연어 처리 기반의 AI 의무 기록 자동화 시스템을 통해 의료진이 말하는 내용을 자동으로, 의무 기록으로 변환해 저장한다. 이를 통해 임상의가 일과를 더 효율적으로 관리하고 환자와 자신에게 집중할 수 있는 시간을 늘려 행정적 부담을 줄이고 더욱 만족스러운 업무 환경을 조성하고 있다(Haberle et al., 2024). 이는 진료 시간을 단축할 뿐만 아니라 환자 대면 시간을 늘려 환자 만족도를 높인다.

최근 구글은 의료 면담에 특화된 AI인 에이미(AMIE, Articulate Medical Intelligence Explorer)를 개발해 의료 분야에서 생성형 AI 관련 기술을 급속히 확대하고 있다. 마이크로소프트 산하 뉘앙스 커뮤니케이션즈(Nuance Communications)와 에이브리지(ABridge), 수키(Suki) 같은 기업은 AI 기술을 통해 환자가 호소하는 증상을 요약하고 메모해, 자동으로 메모가 생성되도록 한다. 이를 통해 의료진의 관리 업무 부담을 줄이고 의료진은 환자와의 상담에 집중할 수 있게 한다(이석원, 2024).

이처럼 의무 기록 관리와 진료 지원 영역에서 AI 로봇의 도입은 건강관리 시스템의 기술적 보완을 넘어 의료진의 진료 행위를 본질적으로 변화시키고 있다. AI 로봇을 통해 방대한 데이터를 처리하는 데 불필요한 소모적인 작업을 자동화하고, 의료진은 환자 치료에 집중할 수 있도록 한다. 특히, 자연어 처리와 생성형 AI 기술의 발전은 진료 기록부 기록의 자동화 수준을 비약적으로 향상하며, 의료 현장에서 임상의의 행정 부담을 획기적으로 줄여 준다.

향후 AI 기반 진료 지원 시스템은 급속한 AI 기술의 발전에 따라 더욱 정교화된 협업 파트너로 진화할 것으로 예상되며, 의료 서비스 혁신을 가속하는 핵심 축으로 부상할 것으로 기대된다.

수술 및 치료 보조 AI 로봇

AI 로봇은 단순한 진료 지원을 넘어 정밀 수술과 치료 보조라는 핵심 의료 서비스 분야에 도입되어, 의료의 질과 효율성을 크게 향상하고 있다.

최근 AI 로봇은 진단-치료 연계성을 강화하는 의료 어시스턴트로 진화하고 있다. IBM의 왓슨 포 온콜로지(Watson for Oncology)는 수천 건의 논문과 사례 데이터를 분석해 암 환자들의 최적 치료 경로를 제공해 의료진의 임상 판단을 보조하는 것으로 알려졌다(문상윤, 2021). 연구에 따르면 왓슨은 수백만 개의 데이터 포인트를 이해해 각 환자에게 근거 기반 암 치료를 제공한다. 왓슨이 제공하는 대부분의 결과는 전 세계 의사의 의견과 "일치"하는 것으로 나타났으며, 이를 통해 전문가들은 치료 제공에 집중할 수 있도록 한다(roi4cio.com).

한편, 분당서울대병원은 AI 정밀 의료 설루션인 AI 주치의 닥터앤서(Dr. Answer) 2.0을 통해 호평을 받고 있다(장종호, 2023). 닥터앤서 2.0은 의료 데이터 분석을 기반으로 개인의 특성에 맞춰 질병을 예측하고 진단하는 AI 의료 설루션이다. 닥터앤서는 유방암, 심뇌혈관, 대장암 등 8대 질환 약 21개 AI 의료 소프트웨어로 구성된다. 닥터앤서는 국내 주요 대형 종합병원 등 국내 38개 의료 기관에서 진행된 임상 검증 과정에서 진료 시간 단축, 진단 정확도 개선 등 의학적 성과를 거뒀고, 국내 65개 병원에서 사용하고 있다(구은모, 2022).

이처럼 수술 및 치료 보조 분야에서도 AI 로봇은 데이터를 기반으로 치료 설루션을 제공해 의료진의 임상 판단을 보조할 뿐만 아니라, 진료 시간 단축, 진단 정확도 개선하는 등 의료 질과 효율성 향상에 크게 기여하고 있다. 향후 AI 로봇은 다양한 질환 영역에서 데이터 기반의 의사 결정을 지원하고, 임상의와의 협업을 통해 보다 정밀하고 신속한 치료를 가능하게 할 것이다. 이는 의료 산업의 패러다임을 바꾸는 중요한 전환점이 될 것이며, AI 로봇은 고도화된 의료 혁신을 이끄는 핵심축으로 자리 잡게 될 것이다.

재활 및 돌봄 AI 로봇

AI 로봇은 재활 치료 분야에서 점차 핵심적인 보조 수단으로 자리 잡고 있다. 세계의 노령 인구가 전례 없는 속도로 계속 증가함에 따라, 현재의 돌봄 제공자 공급은 현재 및 지속적인 돌봄 서비스 수요를 충족하기에 부족하다(Dall et al., 2013).

이에 노인과 장애인의 건강 및 행복 관련 운동 참여를 향상하기 위한 사회적 보조 로봇에 관한 관심이 점점 더 고조되고 있다(Lee et al., 2023).

특히 AI 로봇은 뇌졸중, 근골격계 질환 등 신체 기능 저하 환자의 일상 회복 훈련을 위해 효과적으로 활용되고 있다. 전통적으로 재활 및 물리 치료가 전문가의 지속적인 관찰과 피드백을 바탕으로 진행되는 반면 AI 기반 로봇은 정밀한 센서와 기계학습 알고리즘을 활용해 환자의 운동 패턴을 실시간 분석하고, 개인 맞춤형 피드백을 자동으로 제공할 수 있다.

예를 들어 리 등의 연구(Lee et al., 2023)에 따르면 사회적 보조 로봇(SAR, Socially Assistive Robot)은 환자의 재활 운동 과제를 안내하고, 카메라 기반 동작 추적 시스템을 통해 환자 움직임의 정확도를 파악한다. 뇌졸중 환자들을 대상으로 SAR 로봇을 적용한 결과, 운동 수행률 향상, 인지적 이해도 증진, 자기 효능감 강화 등 다양한 로봇을 통한 다양한 성과가 도출되었다(Lee et al., 2023).

이를 통해 사회적 보조 로봇이 인간 물리치료사의 역할을 대체하고, 고령화 시대 의료 현장의 부담을 효과적으로 줄일 수 있는 대체 방안으로 주목받고 있다.

한편, 돌봄 분야에서 AI 기반 로봇은 인지, 정서적 지원까지 다양한 돌봄 역할 기능을 수행하고 있다. 속초시는 홀로 사는 어르신을 위한 인공지능 돌봄 로봇 지원 사업을 추진했다. 로봇에는 어르신들의 말벗 기능인 대화형 인공지능이 탑재되어 있으며, 기존 이웃 간에 이뤄지던 돌봄 역할을 AI 로봇이 대신하고 있다(이종건, 2023). 이를 통해 혼자 사는 어르신들의 고립감을 해소하고 우울증 완화 및 예방에도 도움을 주고 있다.

양양군은 2021년부터 5년째 인공지능 돌봄 로봇 '효돌'을 활용한 치매 예방 사업을 운영 중이며, 어르신들의 치매 예방 및 정서 지원을 확대하고 있다. AI 돌봄 로봇 '효돌'은 어르신들의 약 복용 시간 환기, 외로움을 달래주는 정서적 지원, 운동 시간 안내 등 다양한 돌봄 지원을 하고 있다. 특히 터치 기능을 통한 어르신들의 정서적 교감 보살핌 기능은 지역 어르신들에게 높은 심리적 유대감을 형성하고, 외로움 해소에 많은 도움을 주고 있다. 또한 돌봄 로봇 효돌은 AI 기반으로 어르신들의 활동 시간을 실시간으로 감지하고 이상 징후가 있을 시 즉각적으로 감시할 수 있도록 설계되었다. 현재까지 100여 가구에 AI 로봇 돌봄 서비스를 제공했으며, 어르신들에게 높은 호응을 얻고 있다(백남철, 2025).

이처럼 재활 및 돌봄 AI 로봇은 환자들의 신체적 회복을 지원하는 보조 수단을 넘어 정서적으로 교감하고 일상의 안위까지 포괄하는 통합적 보살핌 파트너로 확장되고 있다. 의료/돌봄 인력 부족 문제 대응하는 대안으로 사회적 로봇의 역할은 더욱 중요해질 것이다.

인공지능이 탑재된 사회적 로봇은 고립된 노인의 정서적 안정과 인지 기능 향상에도 크게 이바지하며, 돌봄의 질을 획기적으로 높이고 있다. 이에 따라 재활 및 돌봄 영역에서 AI 로봇은 지속 가능한 건강관리 서비스 생태계 구축에도 핵심적인 역할을 할 것으로 기대된다.

시사점

건강관리 서비스에서 AI 로봇의 도입은 의료 산업 전반에 걸쳐 건강관리 패러다임의 전환을 촉진하고 있다. 이 장에서는 현재 건강관리 산업에 도입된 AI 로봇을 통해 환자 모니터링, 의무 기록 관리와 진료 지원, 수술 및 치료 보조, 재활 및 돌봄 등 다양한 건강관리 영역에서 수행하고 있는 AI 로봇의 핵심 역할을 살펴보았다. 이제 건강관리 서비스에서 AI 로봇은 단순한 자동화를 넘어 인간과 협업하는 새로운 의료 서비스 주체로 성장하고 있으며, 이는 의료 서비스의 효율성 및 접근성을 향상하고 더 정밀한 의료를 제공하며, 정서적 돌봄의 질적 향상으로 이어지고 있다.

건강관리 서비스에서 AI 로봇은 의료 인력 부족 문제를 해결하는 데 기여하고 있으며, 의료의 질적 향상과 환자 중심 서비스 강화라는 측면에서 큰 시사점을 주고 있다. 이러한 변화의 흐름은 의료 서비스의 디지털 전환을 가속화하고 있으며, 해결해야 할 과제도 함께 주고 있다.

특히 AI 로봇이 의료 현장에서 많은 역할을 수행함에 따라 그로 인해 발생할 수 있는 데이터 프라이버시 문제, 오진, 인간성 부족 등은 책임감 있는 AI 로봇 설계에 고려할 필수적 요소다. 건강관리 서비스의 본질은 인간 중심의 의료 서비스 제공이기 때문이다. AI 로봇으로 인한 다양한 서비스들이 인간 중심의 서비스를 훼손하지 말아야 하며 기술의 도입과 확산에 따른 윤리적 고려와 설계, 법적 규제 방안 마련 등이 필수적으로 고려되어야 한다.

향후 건강관리 서비스는 AI 로봇의 진화에 따라 자율적으로 판단하고, 인간의 감정을 인식하는 등 인간-AI 로봇 상호작용이 더욱 고도화될 것으로 예상된다. 특히 돌봄 분야에서 AI 로봇은 단순한 의료 보조의 역할을 넘어 환자와의 신뢰를 형성하고 디지털 돌봄 파트너로 진화할 것이다.

이에 따라 병원, 재활센터, 요양 시설 등 AI 로봇을 활용하기 위한 인프라 구축과 법적/제도적 기반이 마련되어야 할 것이다.

참고문헌

구은모(2022.1.19). AI 주치의 '닥터앤서', 사우디 진출 눈앞. 구매의향서 체결. 아시아경제, https://v.daum.net/v/20220119103206779

문상윤(2021.3.22). 건양대병원 윤대성 암센터 원장 국무총리 표창. 《프레시안》, https://v.daum.net/v/20210322165921571

박세아(2020.7.17). 로봇 강국 일본, 코로나19로 새로운 일상 앞당긴다. ATLAS Review, http://www.atlasreview.co.kr/news/articleView.html?idxno=1225

박혜섭(2019.11.15). [일본 HIS 기업 AI 실험과 과제] (1) 세계 최초 AI 로봇 호텔 '헨나호텔'. AI TIMES, https://www.aitimes.com/news/articleView.html?idxno=121777

백남철(2025.6.9). 양양군, AI 돌봄 로봇 '효돌'로 치매예방 및 정서 지원. 《신아일보》, https://www.shinailbo.co.kr/news/articleView.html?idxno=2064438

이석원(2024.4.5). 의사와 환자 간 대화를 AI로 요약해주는 기술. Tech Recipe, https://techrecipe.co.kr/posts/64231

이종건(2023.5.18). [속초소식] 어르신 AI 돌봄로봇 지원. 연합뉴스, https://www.yna.co.kr/view/AKR20230518074000062

장길수(2024.6.7). 일본 휴머노이드 로봇 '페퍼', 탄생 10주년. 로봇신문, https://www.irobotnews.com/news/articleView.html?idxno=35127

장종호(2023.9.21). 분당서울대병원 닥터앤서 사업단, AI 주치의 '닥터앤서 2.0' 힘스 아·태 건강 컨퍼런스 호평. 스포츠조선, https://v.daum.net/v/20230921085132473

Dall, T. M. et al.(2013.11). An aging population and growing disease burden will require alarge and specialized health care workforce by 2025. *Health affairs,* 32(11), pp.2013–2020, https://pubmed.ncbi.nlm.nih.gov/24191094/

Haberle, T. et al.(2024.4.3). The impact of nuance DAX ambient listening AI documentation: a cohort study. *Journal of the American medical informatics association,* 31(4), pp.975–979, https://pubmed.ncbi.nlm.nih.gov/38345343/

Lee, M. H. et al.(2023.3.11). Design, development, and evaluation of an interactive personalized social robot to monitor and coach post-stroke rehabilitation exercises. *User Modeling and User-Adapted Interaction,* 33(2), pp.545–569, https://link.springer.com/article/10.1007/s11257-022-09348-5

Knutsson, K.(2025.6.4). AI robots help nurses beat burnout and transform hospital care. *Fox News,* https://www.foxnews.com/tech/ai-robots-help-nurses-beat-burnout-transform-hospital-care

roi4cio. IBM Watson for Oncology, https://roi4cio.com/catalog/product/ibm-watson-for-oncology

Sarfraz, A.(2024.12.8). China's first AI hospital: The future of healthcare is here. *Medium,* https://medium.com/@sarfrazahsan50/chinas-first-ai-hospital-the-future-of-healthcare-is-here-64423dd3ee83

09
AI 로봇과 공공 서비스

공공 기관은 AI 로봇을 활용해 업무의 효율성을 높이고, 시민들에게 더 신속하고 맞춤화된 서비스를 제공할 수 있게 되었다. AI 로봇이 공공 서비스 현장에 실제로 어떻게 적용되고 있는지, 그리고 이를 둘러싼 여러 도전과 기회를 균형 있게 살펴본다. 더 나아가 AI 로봇이 공공의 이익을 증진하는 데 어떤 역할을 할 수 있는지 바람직한 방향성을 모색한다.

AI와 화장품?

공공 공간 속 AI 로봇

로봇 기술이 정교해지고, 인간과 사회적으로 지능적인 방식으로 상호작용을 할 수 있는 능력이 향상되면서, 이러한 로봇들의 등장은 공공 공간의 활용 방식에 중대한 변화를 불러올 것으로 보인다. 델 카시노 등(Del Casino et al., 2020)은 로봇이 점차 우리의 복잡하고 끊임없이 진화하는 사회 · 공간적 현실에 깊이 얽히며, 이를 형성하는 데 기여하고 있다고 설명한다.

공공 공간에서 로봇의 도입이 본격화하고, 그 수와 역할이 확대됨에 따라, 공공 안전뿐만 아니라 그 공간 안에서 인간의 생산성과 활동 방식에도 영향을 줄 수 있다. 더 나아가 로봇의 존재는 공공 공간의 분위기와 경험 자체를 변화시켜, 사람들이 그 공간을 어떻게 인식하고 어떤 가치를 부여할지에도 영향을 미칠 것으로 예상된다(Edensor & Sumartojo, 2015). 공공 공간은 사람들이 자유롭게 모이고, 이동하며, 상호작용을 할 수 있는 모든 장소로 이해할 수 있다. 이러한 관점에서 보면, 법적으로는 사적 공간이라 하더라도 기능적으로는 공공의 성격을 띤 공간, 즉 준공공 공간(quasi-public spaces)으로 간주할 수 있다.

예를 들어, 쇼핑몰, 공항, 술집, 식당 등은 대개 사유지

이지만, 그 안에서 사람들은 누구를 만나고 무엇을 할지 비교적 자유롭게 결정할 수 있다. 반면, 거리나 공원 같은 대부분의 야외 공공 공간은 공공 소유이며, 지방 자치단체나 기타 입법 기관에 의해 관리된다. 이 외에도 정원, 일부 공원, 해변 지역 등은 공적·사적 성격이 혼합된 준공공 공간에 해당하기도 한다. 로봇의 활용 범위가 확대되고, 사람들이 로봇의 일상적 기여에 점점 더 가치를 부여하게 됨에 따라, 공공 및 준공공 공간을 관리하는 모든 주체는 로봇의 활동을 적절하게 규율할 수 있는 법과 제도에 대해 더 많이 고민해야 한다. 이때 공공 안전에 대한 고려가 최우선이어야 하며, 동시에 로봇이 공공 공간의 분위기와 경험을 어떻게 변화시키는지도 신중히 검토해야 한다. 관리자들은 공간의 '분위기'를 완전히 통제할 수는 없지만, 로봇을 공공 공간이 허용하는 조건을 설정할 수는 있다. 예를 들어, 로봇의 기능과 특징, 허용 수량, 운영 시간 등을 지정함으로써 규율할 수 있다. 이는 도시 계획에서 교통, 조명, 건축 자재, 보도 폭 등을 통해 공공 공간의 분위기를 형성하는 방식과 유사하다. 이러한 로봇 관련 규정은 공공 안전 확보에 이바지할 수 있을 뿐 아니라, 그 이상으로 생산성 향상에 긍정적 혹은 부정적 영향을 미칠 수 있는 요소로 작용할 수 있다

(Mintrom et al., 2022).

AI 로봇과 공공 서비스

스팟(Spot)은 네 발로 움직이며 개처럼 생긴 로봇으로, 다른 로봇들이 접근하기 어려운 비정형 환경에서도 작동할 수 있도록 설계되었다. 이 로봇은 2019년부터 보스턴 다이내믹스에서 상용화되어 판매되고 있다. 2020년, 싱가포르 정부는 시민들이 공원에서 사회적 거리 두기를 잘 지키는지 확인하기 위해 도시 전역의 공원에 스팟을 배치했다. 원격 조종이 가능한 이 로봇은 카메라와 미리 녹음된 음성 메시지를 탑재하고 있어, 거리 두기를 위반한 사람을 발견하면 "짖는 소리"로 경고를 전달한다. 또한 싱가포르 정부는 공중에서 공원을 감시하고 각 위치의 방문자 수를 측정하기 위해 드론도 함께 운영하고 있다. 이렇게 수집된 데이터는 실시간으로 웹사이트에 통합되어, 시민들이 혼잡하지 않은 공원을 선택할 수 있도록 돕는다(Mintrom et al., 2022).

미국 캘리포니아 샌머테이오에 있는 코발트 로보틱스(Cobalt Robotics)가 개발한 로봇은 코로나19 기간 보안 인력을 대체하는 데 사용되었다. 이 로봇은 체온 측정, 마스크 착용 확인, 거리 두기 준수 여부를 감시한다. 호주 멜버른에서는 코로나19 격리 호텔에 이 로봇들이 배치되어 투숙객이 방을 무단으로 나가는지, 문을 여는지 등을 감시한다. 규칙 위반이나 이상 상황이 감지되면 로봇은 즉시 경찰 등 관계 당국에 경고를 보내, 필요한 조처를 하도록 한다(Mintrom et al., 2022). 잘 설계되고 선제적인 공공 정책은 새로운 기술로부터 사회가 최대의 이익을 얻는 동시에 잠재적인 피해를 줄이는 데 큰 역할을 할 수 있다(Gorur et al., 2018). 이러한 정책 결정은 기술 수용의 방향을 형성하는 데 중요한 역할을 하며(Boucher, 2016), 이로 인해 앞으로 인간-로봇 간의 유익한 상호작용, 생산성 향상, 창의적 문제 해결 등 다양한 기회가 생겨날 것으로 기대된다.

하지만 동시에 위험도 존재한다. 로봇이 실제 환경 속에서 제대로 관리되지 않는다면 예기치 못한 사건이 발생할 수 있으며(Sabanovic et al., 2006), 이는 로봇 사용에 대한 공공 신뢰를 저해하는 부정적인 파급 효과로 이어질 수 있다. 공공 부문의 로봇 관리가 미흡할 경우, 로봇의 광범위한 활용 자체가 위축되고, 그로 인해 로봇이 인간 삶의 질에 이바지할 긍정적인 가능성도 제한될 수 있다(Belanche et al., 2014).

참고문헌

Belanche, D. et al.(2014). Trust transfer in the continued usage of public e-services. *Information and management,* 51(6), pp.627–640, https://pure.tue.nl/ws/files/4002058/448610500542596.pdf

Boucher, P.(2016.10). You wouldn't have your granny using them: Drawing boundaries between acceptable and unacceptable applications of civil drones. *Science and engineering ethics,* 22(5), pp.1391–1418, https://www.researchgate.net/publication/283511812_'You_Wouldn't_have_Your_Granny_Using_Them'_Drawing_Boundaries_Between_Acceptable_and_Unacceptable_Applications_of_Civil_Drones

Del Casino, V. J. et al.(2020.2). The Social Life of Robots: The Politics of Algorithms, Governance, and Sovereignty. *Antipode,* 52(3), pp.605–618, https://www.researchgate.net/publication/339462786_The_Social_Life_of_Robots_The_Politics_of_Algorithms_Governance_and_Sovereignty_The_Social_Life_of_Robots

Edensor, T. & Sumartojo, S.(2015.8). Designing atmospheres: Introduction to special issue. *Visual communication,* 14(3), pp.251–265, https://www.researchgate.net/publication/281335114_Designing_Atmospheres_introduction_to_Special_Issue

Gorur, O. C. et al.(2018.3). Social Cobots: Anticipatory decision-making for collaborative robots incorporating unexpected human behaviors. *Proceedings of the 2018 ACM/IEEE International conference on human-robot interaction*, pp.398-406, https://www.researchgate.net/publication/322569811_Social_Cobots_Anticipatory_Decision-Making_for_Collaborative_Robots_Incorporating_Unexpected_Human_Behaviors

Mintrom, M. et al.(2022). Robots in public spaces: implications for policy design. *Policy design and practice,* 5(2), pp.123-139, https://research.monash.edu/en/publications/robots-in-public-spaces-implications-for-policy-design

Sabanovic, S. et al.(2006). Robots in the Wild: Observing Human-Robot Social Interaction outside the Lab. *9th IEEE International workshop on advanced motion control,* pp.576-581, https://www.ri.cmu.edu/pub_files/pub4/sabanovic_s_2006_1/sabanovic_s_2006_1.pdf

10
AI 서비스 로봇의 미래

AI 서비스 로봇은 앞으로 초연결된 통합 서비스 생태계를 완성해 간다. 고도화된 감성 지능을 갖추어 인간과의 상호작용이 깊어진다. 그리고 높은 수준의 자율성과 적응성을 가진다. AI 서비스 로봇의 발전은 필연적으로 윤리적, 사회적 책임에 대한 논의를 심화한다.
궁극적으로 AI 서비스 로봇은 인간의 삶의 질과 사회 전반의 생산성을 높이는 데 공헌한다.
이러한 상생적 관계가 미래 사회의 핵심 동력이 될 것이다.

종교와 AI?

앞에서 우리는 AI 서비스 로봇이 고객 경험, 감정 인식, 유통, 엔터테인먼트, 교육, 관광 및 호텔, 건강관리, 그리고 공공 서비스 등 다양한 분야에서 혁신을 이끌어 온 현재를 살펴보았다. AI 서비스 로봇은 이미 효율성 증대, 개인화된 서비스 제공, 서비스 접근성 확대를 통해 우리의 삶과 비즈니스 방식에 지대한 영향을 미치고 있다. AI 서비스 로봇의 확산은 단순 반복 업무에서 인간을 해방하고, 인간은 창의적 · 감성적 · 전문적 역량에 집중할 수 있는 환경을 만든다.

이제 이러한 변화의 흐름이 어디로 향하고 있는지, AI 로봇 서비스의 궁극적인 미래는 어떤 모습일지 논의할 필요가 있다. 단순히 기술의 발전 로드맵을 넘어, 사회적, 경제적, 윤리적 측면에서 발생할 파급 효과와 이에 대해서 우리가 준비해야 할 것을 살펴보자.

AI 서비스 로봇의 진화

AI 로봇 서비스의 미래는 단순한 개별 로봇의 발전이 아닌, 초연결된 통합 서비스 생태계의 완성으로 나아갈 것이다.

개별 서비스 로봇들은 클라우드 기반의 AI 플랫폼을 통해 서로 유기적으로 연결되고, 방대한 데이터를 실시간으로 공유하며 학습한다. 예를 들어, 집 안의 AI 로봇이 사용자의 건강 데이터를 건강관리 로봇에게 전달하고, 건강관리 로봇은 이를 기반으로 개인의 건강 상태에 최적화된 식단 정보를 주방 로봇에게 제공한다.

주방 로봇은 해당 식재료를 자동으로 주문하는 유기적인 시스템이 구축된다. 또한 지능형 도시 환경에서는 교통 관리 로봇, 보안 순찰 로봇, 공공 서비스 안내 로봇 등이 상호작용을 하며, 도시 전체의 효율성과 안전성이 극대화된다.

현재의 AI 로봇은 제한적인 감정 인식과 표현 능력만 있지만, 미래에는 고도화된 감성 지능을 갖추어 인간과의 상호작용이 더 깊어질 것이다.

이는 단순한 표정이나 어조 톤 분석을 넘어, 미세한 생체 신호(심박수, 피부 전도도 등), 언어 패턴, 행동 양식 등 복합적인 데이터를 실시간으로 분석한다. 그래서 인간의 미묘한 감정 변화를 정확히 파악하고, 이에 공감하며 적절하게 반응한다(Picard, 2000).

이렇게 되면 AI 서비스 로봇은 단순히 기능적인 서비스가 아니라, 정서적 지지와 동반자 역할을 한다. 그래서 현대 사회의 문제 중 하나인 외로움과 고립감 해소에도 공헌할 것이다.

미래의 AI 서비스 로봇은 단순히 프로그래밍된 작업을 수행하는 것이 아니라, 높은 수준의 자율성과 적응성을 가진다.

이는 예측 불가능한 상황에서도 스스로 판단하고 문제를 해결한다. 그래서 사용자나 환경 변화에 맞춰 서비스를 유연하게 변화시킨다. 예를 들어, 레스토랑의 서빙 로봇은 갑작스러운 고객의 요구 사항 변경(예: 메뉴 변경, 추가 주문)이나 예상치 못한 장애물(예: 바닥에 떨어진 물건, 움직이는 의자) 발생 시 즉각적으로 경로를 수정하고 대안을 제시한다.

공공 안전 분야에서는 자율 서비스 로봇들이 독립적으로 정보를 수집하고, 재난 현장의 위험도를 분석한다.

그래서 가장 효율적인 구조 경로를 파악해 구조 활동을 펼친다. 인간의 개입이 없는 AI 서비스 로봇의 자율성은 서비스의 효율성을 극대화한다.

미래 전망과 비전

AI 서비스 로봇의 발전은 필연적으로 윤리적, 사회적 책임에 대한 논의를 심화할 것이다. 로봇의 자율성이 증대됨에 따라 발생할 수 있는 사고에 대한 책임 소재, 인간의 일자리 감소 문제에 대한 해법, 그리고 AI가 생성하는 데이터의 공정성과 편향성 문제 등은 지속적인 사회적 합의와 제도적 보완을 요구할 것이다(Bostrom, 2014).

특히 AI가 특정 데이터를 기반으로 학습하고 편향된 결정을 내릴 경우, 사회적 차별이나 불평등을 심화할 수 있다는 우려도 크다.

이러한 문제에 대해, 로봇세 도입, 보편적 기본 소득 논의, 전 국민 대상의 재교육 시스템 강화 등 다양한 사회적 안전망 구축 논의가 필요하다.

또한, AI 로봇이 인간의 판단을 보조하거나 대체하는 과정에서 발생할 수 있는 윤리적 문제에 대한 명확한 지침과 법규가 마련되어야 한다.

예를 들어, 의료 로봇의 오진 시 책임 문제, 자율주행 로봇의 사고 발생 시 판단 기준, 그리고 로봇의 의사 결정 과정 투명성 확보 방안 등이 필요하다.

또한 AI 서비스 로봇의 '인격' 부여 문제, 로봇의 권리와 의무 설정 등 철학적이고 법률적인 논의도 이뤄져야 한다.

결론적으로, AI 서비스 로봇의 미래는 인간과 AI 로봇이 대립하는 것이 아닌, 서로 협력하며 공진화하는 새로운 시대가 될 것이다. AI 서비스 로봇과 인간이 함께 일하는 협업 시스템은 생산성을 높이고 새로운 가치를 창출한다.

이러한 협력의 시대에는 인간의 역할이 재정의된다. 단순 반복적인 업무는 로봇에게 맡기고, 인간은 문제 해결, 비판적 사고, 창의적인 아이디어 도출, 그리고 인간적인 소통과 공감 능력 발휘에 집중한다. 예를 들어, 의사는 AI 진단 보조 로봇의 도움을 받아 더 정확한 진단을 내리고, 환자와의 정서적 교감에 더 많은 시간을 할애한다. 교사는 AI 가정교사 로봇을 활용해 학생 개개인에게 최적화된 교육을 제공하고, 학생들의 잠재력을 끌어내는 멘토 역할을 강화한다. 인간은 로봇을 관리하고 통제하는 역할을 넘어, 로봇의 학습과 발전에 공헌하며, 새로운 형태의 지적 노동에 참여한다. 궁극적으로 AI 서비스 로봇은 인간의 삶의 질과 사회 전반의 생산성을 높이는 데 공헌할 것이다. 이러한 인간과 AI 서비스 로봇의 상생적 관계가 미래 사회의 핵심 동력이 될 것이다. AI 서비스 로봇은 더 이상 먼 미래의 이야기가 아니다. 이미 우리 생활 곳곳에 스며들어 서비스 산업의 혁신을 이끌었고, 그 영향력은 앞으로 더욱 커질 것이다. 이 변화의 흐름 속에서 우리는 AI 서비스 로봇의 기회를 최대한 활용하고, 동시에 발생할 수 있는 문제점들을 현명하게 해결해야 한다.

이 책은 AI 서비스 로봇의 현재와 미래를 심층적으로 다루며, 독자들이 AI 로봇 시대의 서비스 혁신을 이해하고 대비하는 데 필요한 지식과 통찰을 제공하고자 했다. AI 서비스 로봇과 인간이 상생하는 지속 가능한 미래를 만들기 위한 여정은 지금부터 시작되었다. 우리는 AI 서비스 로봇의 발전이 가져올 윤리적, 사회적 시사점을 계속 논의하며, 기술이 인류의 복리에 진정으로 공헌할 수 있게 해야 한다.

참고문헌

Bostrom, N.(2014). *Superintelligence: Paths, dangers, strategies.* Oxford University Press.

Picard, R. W.(2000). *Affective computing.* MIT Press.

박철

고려대학교 융합경영학부 교수다. 서울대학교에서 경제학사, 경영학 석사, 경영학 박사학위를 받았다. 삼성물산(주)에서 근무했으며, 한국소비문화학회, 서비스마케팅학회, 한국마케팅학회의 회장을 역임했다. 저서로 《소규모 사회적기업과 소셜미디어 마케팅》(2017), 《소비의례》(2018), 《이커머스, 파괴적 혁신으로 진화하다》(공저, 2020) 등이 있다. "The relationships among community experience, community commitment, brand attitude, and purchase intention in social media"(2019), "Social media content, customer engagement and brand equity: US versus Korea"(2022) 등 150편 이상의 논문을 SSCI, KCI 등재 학술지에 게재했다.

박태경

서원대학교 경영·부동산전공 겸임교수다. 경기대학교에서 석사, 박사학위를 받았다. (사)한국엔터테인먼트산업학회 상임이사로 활동 중이다. "옴니채널 통합, 인지된 가치, 옴니채널 쇼핑 습관이 지속 이용 의도에 미치는 영향"(2024), "소비자용 AI 서비스 로봇의 실용적·쾌락적 가치가 태도 및 사용 의도에 미치는 영향"(2025), "디지털 미디어 사용이 이로움, 해로움, 개인의 주관적 웰빙에 미치는 영향"(2025), "소셜 엔터테인먼트 로봇의 사용자 인식 요인이 사용 의도에 미치는 영향"(2025) 등 다수의 논문을 KCI 등재 학술지에 게재했다.

정옥경

호서대학교 기술경영전문대학원 산업인공지능공학과 연구교수다. 고려대학교에서 경영학 석사 및 박사학위를 받았다. 한국마케팅학회 이사, 서비스마케팅학회 이사, 한국유통학회 이사로 활동 중이다. "디지털 헬스케어 고객경험이 서비스 만족과 주관적 웰빙에 미치는 영향"(2024), "A Comparison and Interpretation of Machine Learning Algorithm for the Prediction of Online Purchase Conversion"(2021) 등 다수의 논문을 KCI, SSCI, SCOPUS 등재 학술지에 게재했다.

강준모

서원대학교 경영·부동산 전공 조교수다. 연세대학교에서 경영학 석사학위를 취득하고 고려대학교에서 기업경영학과 박사과정을 수료했다. (사)한국엔터테인먼트산업학회 상임이사, (사)경북미래정책개발연구원 연구위원으로 활동하고 있다. "ESG 활동, 기업 신뢰도, 고객 충성도 간의 영향 관계"(2023), "인공지능 반려 로봇의 소비가치가 태도와 구매 의도에 미치는 영향"(2025), "프라이버시 보호, 정서적 경험, 태도가 AI 돌봄 로봇 사용 의도에 미치는 영향: 프라이버시 계산이론을 중심으로"(2025) 등 다수의 논문을 KCI, SCOPUS 등재 학술지에 게재했다.

이윤혜

고려대학교 세종캠퍼스 디지털경영전공 강사다. 고려대학교에서 경영학 석사 및 박사학위를 받았다. 디지털 마케팅, 고객 경험, 소비자 인게이지먼트를 주제로 다수의 과제와 연구를 수행하고 있다. 주요 논문으로 "메타버스의 기술적 특성이 고객경험과 사용자 인게이지먼트에 미치는 영향"(2023), "소셜미디어 고객 인게이지먼트의 메타분석"(2022), "호텔 트위터 메시지의 언어적 특성 연구"(2021) 등이 있으며, 《경영학연구》, 《관광학연구》, 《Canadian Journal of Administrative Sciences》 등 국내외 학술지에 20여 편의 논문을 게재했다.